禅语人生

一路开花　编著
袁冰　绘

齐鲁书社

前言 我们在平淡日子里丢失的禅

前些天看一篇科学报道，颇有感触。原来孕妇的妊娠反应，是生命出于本能的自我保护所造成的。

婴儿在母体的前三个月，是极其脆弱的，为了保护自己可以在最大程度上健康存活，婴儿在面对油腻荤腥和食品添加剂等化学原料时，总会做出特别激烈的对抗反应，使这些食物尽可能在消化前从母体吐出。

那婴儿喜欢什么呢？很简单，喜欢来自天然的蔬菜瓜果。

生命最本真的状态，原来就是喜欢自然的。

但走到今天，不难发现，我们正在和自然越走越远。一切都来得太快，我们也习惯了快，以至于我们根本不能忍受任何慢节奏的生活。

为了使这样的快节奏更快些，我们做出了很多调整——扩宽机动车道，把人行道变窄； 打通地下隧道，让地铁可以四通八达；手机从不离手，微信、陌陌样样精通，建立大棚蔬菜基地，让所有植物可以更快生长……

以前，我们要会一个朋友，总要做足功夫。家里种了什么粮食，结了什么果子，得提着点去，让人家尝尝，分享这份来自天然的人情。今天，我们不必再如此麻烦了。想见谁了，不管他人在哪里，一个电话，一个视频，几分钟就可以解决问题。过程是省了，朋友也多了，可那份令人怀念的人情味，淡了。

这个时代的一切都快了，便捷了，按理来说，我们应该有大把的空闲时间了，可事实上，我们越来越忙。如此说来，便捷并没有为我们省下时间，相反，正在让我们远离自然。

曾经我反驳过这个结论。但一个朋友的问题，使我顿时面红耳赤。楼房那么高，有多久没去天台上看过星星了？交通那么方便，有多久没去山上好好走走了？电话那么方便，有多久没有好好跟父母谈谈心了？

是啊，我们住在高楼里，却从来没有站在高楼上看过星星；我们天天坐车，却很少想着要去郊外看一看自然的风景；我们天天在用手机，可除了刷微博看微信联系客户之外，究竟还有多少挂念可以分给家人和真正的朋友？

我们已经被这样的快节奏磨得麻木不仁。同样的场景，同样的故事，在现实里，我们总是心存戒备，小心翼翼，担心这个是骗子那个是托，可一旦隔着电视屏幕，我们却变得特别容易被感动，还经常哭得稀里哗啦，究竟为何？

难道，我们连想要一份真实的感动都必须得借助虚拟的世界来完成?

很多人抱怨，说现在是人心大坏，连朋友之间借个钱都难如登天。我们从来没有静下心想想，问题究竟出在哪里?

很多年前要见一个朋友，我们是提着自家的蔬菜瓜果去的，满满的，都是情谊和自然的味道。去了，通常不为事情，只是想念，要在一起坐一坐，看一看，聊一聊，顺便吃个家常饭。可如今，不同了，我们要见一个朋友，一个电话约到地点，胡喝两杯，胡吹两句，然后匆匆散场。而且，通常这样的情况，目的都是为了谈事。

从前的朋友，是知根知底的朋友，是用人情和自然垒筑起来的朋友。而如今的朋友，大多时候，都显得像个玩伴——那些破碎的又带有功利性的相处片断，当然难以撑起彼此长久的信任。

我们在丢弃自然的时候，其实，也一并遗失了可贵的人情。

对于平淡的日子来说，人情是什么?在我看来，人情就是普通人最宝贵的禅。周汝昌先生说，儒家的《论语》智慧，说到底，其实就是两个字，体贴。真切地站在别人的角度，去思考别人的处境。今天的我们，很难做到这一点。网络上到处都是英雄，看到不平事，骂声一片。可现实中呢，我们实在很难看到见义勇为的英雄。所以有人禁不住问，到底是英雄不出门，还是坏人不上网?

《禅语人生》《禅说处世》《禅解情缘》这三本书，说的都不是什么佛家往生的大真谛，不过是想带有缘翻开此书的读者，一起慢下来，一起找一找，那些我们在平淡日子里丢失的体贴、真诚、耐性、平和、人情、温暖……

这也是我们做这三本书的初衷。

2017年3月

目录

contents

第一章
水流云散

三条路

有位行者，迷迷糊糊地走了好长一段路之后，还是找不到吃的。他实在饥渴难耐，没办法，只能咬紧牙关继续前行。

走出一片黑暗之后，在他面前忽然出现了一条豁然开朗的小路。只有这么一条路，他没有选择，只能沿着小路继续前行。

让他意外的是，小路两旁到处都是甜美的瓜果。草木丰盛，云蒸霞蔚，柳暗花明，落英缤纷，一派人间仙境的景象。

行者慢慢地沿着小路前行，一面吃着甜美瓜果，一面观赏沿途的美景。这里的风景真的太美了，行者几乎想要放弃自己求取真经的梦想。

就在他决定跳进水池好好洗个澡的时候，他随身携带的玉佛忽然从手腕上掉了下来，出于本能，他赶忙弯腰去接，结果，顿时把他吓得冷汗涔涔。

前面哪里是什么鲜花绽放的水池啊？分明就是万丈悬崖上空的袅袅云雾。这一刻，他才看清脚下的路。

悬崖的另一边，是第二条羊肠小道，他迟疑着，是否要走这条路。正当他犹豫不决的时候，三只野兽咆哮着跳了出来。为了保命，他朝着这条小道撒腿狂奔。

进入羊肠小道之后他就后悔了，一片迷蒙不说，还经常容易摔跤，但没办法，后面是三只凶猛的野兽。他只能一路摸爬滚打，一路逃命狂奔。

不知跑了多久，身后野兽的声音渐渐越来越弱，越来越远。仍然看不清前方的路，他只能摸索着羊肠小道两旁的石壁，气喘吁吁地缓缓前行。

浓雾慢慢散开，小道的尽头，竟是一片开阔广袤的绿草地，他欣喜极了，赶紧朝着绿草地的方向跑去。这总算有了第三条路。

行者实在太累了，躺在绿油油的草地上，还没来得及高歌一曲就昏沉沉地睡着了。梦里，他觉得自己的身体在不住地往下坠落，越来越快，越来越快，最后，掉进了一片汪洋火海。

其实，这就是短暂的一生。迷迷糊糊的那段路，象征的乃是你懵懂无忧的童年时期；而第一条鲜花满径的小路和万丈悬崖，则分别象征处处充满诱惑的少年时期和随时可能让你致命的青年时期；追着你跑完第二条小路的三只猛兽，不过是中年时期虚无的金钱、名誉和地位；第三条路的草地和火海，其实是谁也逃不过的平淡老年和死亡。

这是每个人必须要走的三条路。只是，走路的方式各有不同。

你生前是否痛苦，死后是否受人尊仰，得有善报，归根究底，完全取决于你一路走来时所造下的因种。

悟的境界

小和尚研习佛法多日，还是参悟不透其中的道理，只好上山请教禅师。

“悟可有形体？”小和尚发问，禅师摇头。

“悟可有颜色？”小和尚继续发问，禅师继续摇头。

“悟可有声音？味道？”小和尚还是问，禅师还是摇头。

“既没有形体、颜色，也没有声音、味道，那么，我怎么知道悟是什么境界呢？”小和尚站起身来，恳请禅师点化。

禅师拿起毛笔，给小和尚写了五个字——唐僧三弟子。

小和尚捧着五个字下山了。一路上，小和尚怎么想也想不明白。唐僧三弟子究竟是指什么呢？

小和尚想了想，忽然明白了。唐僧三徒弟，沙僧，猪八戒，孙猴子，武功一个比一个高。小和尚觉得，禅师是在告诉他，悟就是武功的高低。

小和尚练了一段时间的武功之后，觉得有些不妥。如果说悟的境界是按武功高低来评断的话，那么，手无缚鸡之力的唐僧怎么能做师父呢？

小和尚想了想，他觉得悟应该是济世。唐僧三弟子，各有本领，各占一方，可最终还是为了普度世人，历经千辛万苦，求取真经。

小和尚想了想，还是觉得不对。三弟子在途中，可都起过动摇放弃的念头。

小和尚再次上山请禅师解惑。

“唐僧有哪三弟子？”禅师问。

“沙僧，八戒，孙猴子。”小和尚答。

“三人法号为何？”禅师接着问。

“悟净，悟能，悟空。”小和尚接着答。

“悟净为何？悟净为眼、耳、鼻、舌、身、意，六根清净；悟能为何？悟能为舍身度世，可受一切戒持、谤辱；悟空为何？悟空为万法因缘，诸般业果，皆属空相。”禅师说完之后，拍拍小和尚的脑袋接着问：“悟可有形体？”小和尚点头。

“悟可有颜色？”小和尚继续点头。

“悟可有声音？味道？境界？”小和尚接着点头。

“悟有何种境界？”

“悟净，悟能，悟空。”

度人与救心

大师圆寂之前，把三个弟子叫到内堂。

三个徒弟各有不同，大师一时难以决定，到底该把寺庙交给谁来打理。于是，只好让他们下山去做一件事情，普度世人。谁要能在最短的时间里用佛法感化一个凡人，使之彻悟，那么，就把寺庙交给谁打理。

大徒弟学法最久，所懂经文最多，因此，下山之后，他便对一个砍柴的老农宣讲佛法道义。

老农一面砍柴，一面听大徒弟解说。最后，老农终于被感化，决定放下柴刀跟着大徒弟上山，听经一月。

二徒弟年纪稍微小些，读的经文虽不算多，但天资聪颖，悟性极高，举一反三，触类旁通，很受大师喜欢。下山之后，二徒弟遇见了一位猎人。猎人躲在树后，正准备射杀一头食草的母鹿。

二徒弟急忙上前制止，并用佛法加以点化。猎人受其影

响，最终放下弓箭，并发誓从此不再杀生。

三个弟子当中，当属三徒弟年纪最小，入门最晚。他不仅读的经书少，就连悟性也不及大徒弟和二徒弟。

三徒弟下山没多久就碰到了一个朝廷要犯。此人刚刚逃狱出来，为了躲避官府缉拿，在树林中东奔西跑，最终掉进了捕熊的陷阱。

他的双腿已被尖利的木棍刺穿，流着汩汩鲜血。三徒弟几乎想都没想就把衣服裤子撕开绑成了布带。

要犯终于得见天日。三徒弟还没来得及休息，便匆匆忙忙地裸着身子消失了。

不过一会儿，三徒弟就带来了上等的良药。三徒弟一面细心地为要犯包扎，一面真诚地告诉要犯，如果肚子饿了没饭吃，可以来山顶寺庙找他。

要犯最终被感动了，决定放下屠刀，皈依佛门。从始至终，三徒弟都没有说过一句关于佛法的精要。

大师最终决定把寺庙交给愚钝的小和尚打理。大徒弟和二徒弟不服气，向大师询问做此决定的原因。

大师不过一句话，二人便心悦诚服恭恭敬敬地朝三徒弟鞠了一躬。

度人只在度身，救人方可救心。

山中禅院

渔夫虽然有祖传下来的精良设备，但他从未出过海。湛蓝的天际线和水手们强健的背影，一直都是在他梦中频繁出现的幻影。

因为祖辈的艰辛打拼，渔夫自小的家境便比常人优越许多。于是，他再不用继承祖传的技艺，再不用像父辈们一般整日饱受烈日风雪的煎熬。渔夫的童年悠然自在，衣来伸手，饭来张口。

渔夫的父亲到底逃不出最后的结局。翻腾的海水像一张无法逃脱的网，遮天蔽日，将他席卷而去，唯剩那条牢固的木船停泊在残阳的暖风里。他撒了一辈子的网，却不曾料到，自己其实也活在另外一张细密的网中。

渔夫的家境很快没落下来。没了父辈的技艺，他连生存都举步维艰。更要命的是，他自小便体弱多病。此刻没了上等药材的调理，竟瘦弱得不堪一击。

他偶然听人提及，十里之外的竹林内住有一位智慧非凡的禅师，能解世人困惑，能消百病疾苦。于是，不顾一切，慕名拜谒。

林中有石，石上有屋，屋内果然住着一位仙风道骨的禅师。渔夫喜极而泣，将一生的波折与目前的困境都告诉了禅师，请禅师帮忙解惑，并消除疾苦。

禅师问他："你最大的愿望是什么？"

渔夫想了想说："我最大的愿望是身体强健，既不必遭受疾病缠身之苦，又能从此自力更生。"

禅师笑了，抬手指向林中的东方："千里之外有一高山，名曰飘渺，直耸云霄。山顶有庙，庙中有仙，可实现你此时夙愿。你若能徒步而去，沿途又心存善念的话，那么，他势必会答应你的一切请求。"

渔夫叩拜了禅师之后，迫不及待地上路了。从此，冬风、雨雪、暴雷、霹雳都阻挡不了他向东行进的脚步。不管遇上什么困难，他始终心存善念，始终想着高山上的神仙。他只要能坚持到那儿，便可以获取焕然一新的人生。

渔夫走了足足两年。行程中，为了生计，他先后换了十几份工作。农田中，铁锹将他的手掌磨破；仓库里，重物将他的脊背压垮；饭馆中，数千只碗使他洗到腿脚发麻……

他终于到达了山脚。抬头望去，那云霄中的山顶依稀可见。他费尽了一切气力到达山顶，可奇怪的是，山顶上不但没有禅师所说的神仙，就连寺庙也是空空如也。

渔夫已知受骗，怒火中烧，决定回到林中找禅师算账。回程只用了仅仅三月。待他到达林中时，禅师早已立在门外久候多时。

渔夫低头审视自己早因跋涉而强健的身躯，终于彻悟。他历尽千辛万苦，坚持不懈地到达山顶，进入庙中，他自己便是那庙中的神仙。

人世万般苦难，皆源于受难者本身，能引导其脱离苦海的明灯，唯有那颗始终不忘自救的心。

写好一个“我”字

小和尚想跟老和尚学书法，老和尚说，从“我”字练起吧，并给小和尚提供了几个前辈和名家们的“我”字帖。

小和尚练了一个上午的“我”字之后，拣自己比较满意的一个“我”字，拿去让师父指点。老和尚斜乜了一眼说：太潦草了，接着练。

小和尚接着练了一个星期，自己也记不清究竟练了多少个“我”字了。便又拣几个自己满意的字，拿去让师父看。老和尚随手翻了翻那几个字，一边背过身去一边轻声说：太漂浮了，接着练。

小和尚沉住气，接着练了半年，基本上能把前辈和名家们的几个“我”字临摹得惟妙惟肖了。便又拿去，请教师父。老和尚静静地看了一阵那几个字，拍拍小和尚的肩膀说：有长进，有出息，不过，还得接着练，因为你还没掌握“我”字的要领。

得到承认和鼓励之后，小和尚终于静下心来，揣摩着师父的开导，一遍遍、一天天地练下去。半年之后，小和尚又来找师父了。这次他只拿来唯一的一个“我”字，不过，这个“我”字再不是泛写和临摹了，每个笔画都是一种新写法。很显然，小和尚熟能生巧地练就、独创了一种书法新体。

老和尚终于满意地笑了，他意味深长地对小和尚说：你终于写出自己的“我”、找到“自我”了。

认识你自己

古刹里新来了一个小和尚，他积极主动地去见方丈，殷勤诚恳地说："我新来乍到，先干些什么呢？请前辈支使和指教。"

方丈微微一笑，对小和尚说："你先认识、熟悉一下寺里的众僧吧。"

第二天，小和尚又来见方丈，殷勤诚恳地说："寺里的众僧我都认识了，下边该干什么了？"

方丈微微一笑，洞明睿犀地说："肯定还有遗漏，接着去了解、去认识吧。"

三天过后，小和尚再次来见方丈，蛮有把握地说："寺里的所有僧侣我都认识了，我想有事做。"

方丈微微一笑，因势利导地说："还有一人，你没认识，而且，这个人对你特别重要。"

小和尚满腹狐疑地走出方丈的禅房，一个人一个人地寻

问着、一间屋一间屋地寻找着。在阳光里、在月光下，他一遍遍地琢磨、一遍遍地寻思着。

不知过了多少天，一头雾水的小和尚，在一口水井里忽然看到自己的身影，他豁然顿悟了，赶忙跑去见方丈……

呼唤自己

每天清晨，不等寺院里的晨钟敲响，僧侣们就被老方丈的呼唤声喊醒了。不过，老方丈呼唤的却不是寺院里僧侣们的名字，而是他自己的名字。

多少年了，老方丈总是在晨钟敲响的前十分钟左右，率先起床，站到寺院附近的山坡上，对着山谷大声呼唤自己的名字。有一个小和尚曾经问过老方丈："您怎么天天呼唤自己呢？这样做有什么玄机吗？"

老方丈笑笑说："我天天晚上在梦中出走，甚至云游四海，腾空万里，根本无法约束自己。醒来后当然要呼唤自己了，把自己及时地唤回来呀。不然的话，自己就有可能走失了，再也找不到自己了……"

照着自己塑佛

一座新的寺院终于在半山腰落成了。

老和尚告诉小和尚，他们要自己动手塑佛像。

小和尚就说：咱得照其他寺院里的佛像比着塑吧？

老和尚说：不，咱照着自己的模样塑就行。

小和尚就说：师父还行，我这副尊容就免了吧。

老和尚暗自一笑，对小和尚说：谁也别想推辞，我照着你塑，你照着我塑，岂不方便许多。

小和尚表现出一副惊讶而难为情的样子，还想推辞。

老和尚就开导小和尚说：心表如一、言行一致地把自己当作佛、塑成佛，自己就成了名正言顺、心安理得的佛。你想想，咱俩的德行和模样都可塑佛，世上还不平添许多向往成佛、可以成佛之人？

自己的一片天

化缘回来的小和尚们，看到老法师正端坐在寺院的菩提树旁，对一个铜盆俯首侧目、念念有词。弟子们不明就里，便凑过去看个究竟。可是，铜盆里只有半盆清水，清水里什么也没有。弟子们越发好奇。有一个小沙弥试探着问法师："请问师父，您刚才对什么祈祷呢？"

"对我自己的一片天。"法师慢悠悠地答道。

弟子们就争先恐后地围观那个盛着清水的铜盆——那汪静静的清水里正倒映着一片圆圆的蓝天，蓝天"上"还点缀着数片白云。刚才提问的小沙弥又似懂非懂地问："师父说的自己的蓝天，就是盆里的蓝天吗？"

"不是盆里的蓝天，"法师微微笑着说，"是通过铜盆和清水采集到的那角属于我自己的蓝天。"

看小沙弥和其他弟子们依然困惑的样子，法师又说：“同在蓝天下，天本来是属于所有人的。可是，我用自己的心智，通过躬身和亲手的努力，借助铜盆与清水，拥有了一片只属于我自己的蓝天……”

顿 悟

有一个小和尚，出家几年了，一直对禅理不得要领。更遗憾的是，他一直未能从世俗的心理纠葛中挣脱出来。

有一天，他在万般无奈中去找方丈求教，方丈听了他的诉说后，微微一笑说："你既然能来找我，能把心里的困惑向我诉说，就说明你的虔诚和慧性，你的悟性就差一层薄纱了，这样吧，你回去蒙上被单睡一觉，估计就差不多了。"

小和尚听了方丈的话，回到自己的卧室里蒙头就睡。就在他刚刚入睡不久，方丈带着几个身强体壮的和尚来到他的卧室，二话不说，就用他身上的被单把他裹了个严严实实，连鼻子、嘴都缠上了。他从梦中惊醒，不知发生了什么事情，懵懵懂懂地只感到憋得难受，甚至要窒息了。为了活命，他使出全身的气力一下就把被单给撑破了，由于用力过猛，他还一下子掉到了床下边。

当他看到自己的卧室里站着方丈和几个僧侣时，惊讶而困惑地对方丈说："不是您让我睡的吗？怎么又带人来捆我？"

方丈呵呵一笑说："你挺厉害的嘛，一下就挣脱了。"

"能不挣脱吗？快憋死我了！"小和尚委屈而痛苦地说。

"是啊，遭受再厉害的束缚，只要拼命地挣扎，也是能够瞬间挣脱的……"老方丈意味深长地说。

小和尚激灵一下打了个愣怔，马上从地上爬起来，接着又跪下来，惊喜而感激地对方丈说："多谢师父开恩，弟子顿悟了！"

没道的地方才是路

方丈常带一个小和尚到寺外的山坡上散步。时间一长，山坡的草地上就踩出了一条明晃晃的小路。

有一天，方丈忽然问小和尚：“你经常跟我出来散步，有什么发现和心得吗？”

小和尚迷惘地摇摇头。

方丈便又开导说：“你看看我们的脚下和身后。”

小和尚低头看了看，又回头看了看，惊喜地说：“我们踩出了一条路！”

方丈就意味深长地说：“你想想看，我们若是在原有的山道上散步，还会有自己踩出的路吗？”

绕过无法攀登的悬崖

老和尚在先后两天里，分别安排甲、乙两个小和尚去另一座寺院取一本经书。他对两个小和尚都是这么讲的:“那座寺院，在我们的正南方，你去的路上千万别走岔了道，要一直往前走。”

头一天清晨去的甲和尚，不到中午就回来了，可他没取来经书。他对老和尚说:“你指的道根本不对，一直往前走，隔着一座无法逾越的悬崖呢。”

老和尚就让他先休息去了。

第二天清晨又去的乙和尚，直到天黑才回来，他终于取回了老和尚要的经书。

那本经书的扉页上赫然印着:所有的目的地都是正前方，但并不说明走向目的地的路线没有任何曲折。

离成功一步之遥

一位早已出神入化的高僧，为点化一个怨天尤人的小沙弥，采用了一种非常独特的开导方式——带小沙弥去爬泰山。

师徒二人沿先人们早已修好的石阶山道攀登了一段路程后，高僧对小沙弥说："为了让你有个意外的收获，现在就把你的眼睛蒙上，让你像盲人一样攀上去，直到天街。我已去过天街了，这次就不去了，坐在这里等你。你什么时候感到脚下的石阶没有了，变成了平坦的空地，再摘下蒙眼条，那就是天街了。你在天街上采购两个木鱼，再回到我的身边来。记住，在攀登的途中，无论遇到什么情况都不要懈怠，更不能休息，要一鼓作气登上天街。"

小沙弥被厚厚的黑布条严严地蒙上了双眼，他摸摸索索、磕磕绊绊地独自一人攀缘而上，心中充满疑惑，甚至充满苦恼。当他丢失了鞋子、磕破了膝盖，累得上气不接下气，实在是快撑不住时，就听身边有人说："呵呵，出家人也有犯傻的，这半山腰里风景如画，蒙什么眼睛，装什么瞎呀！"小沙弥一听才到半山腰，腿一软，就势跪在一级石阶上，想偷懒休息一下，再接着爬。这时，他忽然听到师父的声音："太不争气了，还差一步就是天街了，一步登天之际，怎可跪下休息呢？摘下布条看看吧！"

小沙弥打了个激灵，摘下了蒙眼条——看到师父正站在一步之遥的天街上，手提他刚才丢失的鞋子，疼爱而愠怒地凝视着他。附近并没有其他的游人。小沙弥知道上了师父的"当"，非常悔恨地说："我知道错了……我领会师父的苦心了！"高僧一边为小沙弥穿鞋，一边语重心长地说："你既然步入了佛门，差一步就是佛了。既不能怨天尤人，也不能自暴自弃，更要有一颗明辨是非、恒定向上的慧心。"

黑夜中的寨墙

一个非常大胆非常有勇气的小沙弥，在月黑风高、伸手不见五指的深夜，听从方丈的安排，按方丈指定的几个山头，去执行一次特殊的任务，或说是去接受一次特殊的磨炼。

在一座陌生的山巅，他走着走着，遇到一堵高高的寨墙，他抠住垒墙的大石块，尝试了几次都没能翻过。就想，只能绕过这堵墙了。于是，他按方丈的嘱咐在转弯的地方做下一个秘密符号（为防万一，便于寻找和辨认），就顺着墙壁朝自己认定的方向摸索着走去，待他磕磕绊绊地走了不知多少路途时，他隐约地发现寨墙的尽头居然是悬崖。于是，他又磕磕绊绊地往回走，走着走着天就蒙蒙亮了，待他终于看到自己留下的秘密符号时，他唉声叹气、后悔不已——符号的另一侧，几米远的地方就是一个可直接通过的缺口。

宝藏就在你的脚下

寺院外的山坡上忽然来了一帮人，据说是来寻宝的，他们听说这个山坡上有古人留下的宝藏。这帮人不仅带来了挖掘的工具，还带来了驻扎的帐篷。帐篷就撑在离寺院不远的一片平地上。看来，寻不到宝，这帮人是不肯罢休的。

从此，寺院外失去了往日的宁静，叮叮当当的挖掘声不绝于耳。有和尚向方丈提出来，不能让这帮家伙随便挖来挖去，这可是佛教圣地啊。方丈就说，既然传出了有宝藏的风声，在挖出之前就别想再有什么宁静，谁挖都是挖，早挖晚挖都是挖，任他们去吧。方丈还说：我倒盼着他们早日挖出宝藏来，还圣地一片清净。

可是，十几天过后，那帮人挖遍了山坡的角角落落，还是没能找到传闻中的宝藏。就在这帮人的头领感到失望，甚至怀疑上当受骗，准备撤离山坡时，老方丈忽然出现在他们的帐篷前，对寻宝人的头领说："既然来了，就不能空手而归，再挖挖你们帐篷的下面吧。”

寻宝人的头领马上支使手下撤掉帐篷，就地开挖，果然不出方丈所料，几锹下去，就掘出一个洞口，里面存放着大量的金银珠宝。

每次捎回一把野菊

甲和尚和乙和尚负责寺院的伙食，他们二人轮换着去不远的山溪挑水。

山溪旁长满了野菊。

秋天到了，野菊绽开了金黄的小花，清香四溢，沁人心扉。

有一天，甲和尚挑水回来对乙和尚说："那些野菊花真美啊！"

"是的，"乙和尚说，"我每次去都捎回一小把，待晾干了，装个清心安神的菊花枕。"

甲和尚就说："挑水就够累的了，再麻烦那些事干啥，咱又不是没枕头。"

"反正不用专门掐，挑水回来的路上，顺手掐几朵就行了。"乙和尚笑着说。

转眼秋天过去了，有一天晚上，甲和尚和乙和尚忙完一天的活计，回到他们的卧房。二人刚上床休息，甲和尚就闻

到一种淡淡的清香，问乙和尚是什么气味。乙和尚说，他的菊花枕装好了，枕着挺惬意的。甲和尚就非常羡慕地说："没想到，你一小把一小把的，还真掐成个大枕头，明年我也得跟你学，每次捎回一把野菊……"

无怨无悔每一天

伊庵权禅师是一位刻苦修炼、严于律己的高僧，他惜时如金、每日三省，每到傍晚时分总是感怀时光、泪流满面。新来的弟子不了解情况，就关切地问他为什么哭泣，他忧伤而惭愧地说："今天我又混混沌沌、碌碌无为地度过了，不知明天能不能有所长进、有所作为。"

无独有偶，鲁南青山寺的一位禅师，早年就给自己立了规定：每天诵读经文三百句、背诵古诗四句、写作古体诗四句，写作的时候要用毛笔正楷书写，以便练习书法，陶冶情操；另外，在每一天里，他务必还在清晨和晚上各练习半小时的拳脚，上下石阶二百级，风雨无阻、从不懈怠……既注重心灵修养，又不误身体的锻炼。我见到这位僧人时，他已是八十多岁的高龄，耳不聋，眼不花，鹤发童颜，红光满面。谈到人生世事、诗歌经文，他挥笔写下笔势清圆、笔画遒美的两行字：有文有武伴百年，无怨无悔每一天。

佛 手

老方丈禅房的窗前摆放着一盆四季常青、叶茂果灿的佛手，绿叶间伸出的金黄色的果子，恰似观音菩萨的玉手。佛手的枝叶间氤氲着沁人心脾的馥郁香气，常常弥漫着老方丈的整个禅房，令人赏心悦目、神清气爽。

寺院里的僧侣们闲暇时常来观赏老方丈的这盆茂盛而神奇的佛手，羡慕而崇敬。

后来，老方丈采用扦插、嫁接等方法培植了许多盆小佛手，一一分发给寺院里的众僧，让他们各自去养殖和观赏。

可是，一年之后，老方丈再巡察各位僧侣们对佛手的养殖情况时，发现不少僧侣们的佛手已经枯萎了，有的甚至光剩半盆腐土了，别说佛果了，就连绿叶也不见了。

为此，老方丈专门召开一次法会，对那些珍惜馈赠、勤于管理，经常为佛手施肥和浇水，把佛手养殖得枝繁叶茂、佛果累累的僧侣们予以表扬；对那些性情懒散、疏于管理，得到佛手之后，再不管不问，任其自生自灭的僧侣们提出了严厉的批评和训斥。

返璞归真

小和尚跟老和尚外出化缘时，老和尚在路边的泥土里捡起一块石头，小和尚就说："师父，为什么要捡这个满是泥土的普通的石块呢？"

老和尚说："这不是普通的石块，它包含着美玉呢。"说着就领小和尚来到一条小河边，用清水冲洗那个蒙着泥土的石块。石块冲洗干净后，小和尚才发现石块的斜面上隐约露出了温润的白色。老和尚又领小和尚来到一家玉石店，花了两个铜板，玉匠就把石块中的美玉磕了出来，并当场雕刻成一尊精美的玉佛。

小和尚就说："师父真有慧眼，在洗净之前，我怎么就没发现石块上美玉的痕迹呢？"

老和尚说："慧眼源自慧心，慧心源自学习和修炼，倘若不了解璞玉的知识，我也不会发现这块美玉的。"看小和尚沉默不语，老和尚又说："其实，你也是块尚待开凿的璞玉，你的慧根和菩萨心还蒙在厚厚的‘尘垢’和困惑里，稍事洗礼便可以开悟彰显出来。”

听完这番话，小和尚感恩戴德、心领神会地笑了。

梦想落脚的地方

寺院住持定一方丈不摆资格不讲身份，经常和小和尚们一起四处奔波，念斋化缘。有一天，一个新来的小和尚不解地问定一法师："师父劳苦功高，又年迈体弱，为什么还要与我们同甘共苦、一样劳作呢？"

"因为我有一个夙愿还没实现，"定一法师微笑着说，"从我当上方丈的那一天起，我就立志，在有生之年，把咱们寺院的规模扩大一倍。现在这一心愿还没有完全实现，我哪能懈怠半分呢！"

两年之后，寺院的规模真的扩大了一倍。定一法师也更加苍老了，已近垂暮时分。可是，他每天坚持青灯长卷，深夜不眠，忙着翻译一部舶来的经文。有几个徒弟看不下去了，担心方丈的身体，一同向老法师请愿，请求他保重贵体，注意休息。感动欣慰之余，定一法师语气凝重地对徒儿们说："我尚有一个心愿未了却，在有生之年，一定要把这部经文详尽

翻译、付印发行，以荫泽后人，弘扬我法。生命有限，心愿无垠啊！”徒弟们听后，对师父的关切里又平添几分钦佩。

不知挺过了多少个不眠之夜，定一法师的译著终于完成了，刊行面世的那天，老法师在自己的禅房里含笑圆寂。

心中要装着别人

一尊几百年前的弥勒佛，终因年久失修，有些残损了，寺里请来佛工为其修葺。当佛工根据残损程度，揭开弥勒佛的腹部，准备加固翻新时，在场的方丈和僧侣们无不惊愕动容——弥勒佛的阔腹里居然装着十二个男女老少的陶俑！

见过、朝拜过弥勒佛的人们，往往陶醉或羡慕于佛祖无与伦比的朗笑，更为佛祖的超级大肚子动之以容、付之一笑。有人还铭记着有关弥勒佛的楹联："大肚能容容天下难容之事，笑口常开笑天下可笑之人。"

可是，又有几人，能够联想到、颖悟出弥勒佛之所以大腹便便、笑口常开的真正因由？

心中装着别人，装着衣食父母、亲情悠悠的男女老少，装着需要照顾、需要超度的芸芸众生，肚子能不大吗？笑容能不爽朗吗？

佛教以及信奉佛教的人们，能创想塑造出如此经典、如此奥妙的弥勒佛来，就是一种念及苍生、真实再现的慈悲情怀，就是一种高深玄妙、经世绝伦的人文艺术。

第二章

三世烟火

以“一”为梯

集中力量凝聚一笔，或立或卧，刚直苍劲，“一本万殊，万殊一本”道出了一字真谛。

俱胝禅师每逢有人问佛法，均以一字示众作答。可见一字雄厚，如溪水潺潺流动，瞬间又化作彩蝶千万；如峻峰危崖耸立，瞬时又如海天一色。一瓣心香的清芳，一呼百应的魄力，一言九鼎的厚重，一见如故的倾心。岁月一分一秒雕刻着青春流痕，吞吐万象的大厦一砖一瓦堆砌成坚固的壁垒，世间万物各有千秋，探寻源头无不起始于一。

我有位远在他乡的姑姑，早年刻苦求学，是飞出乡村的金凤凰，美好的青春年华里，恋人亡故，缠上官司，下岗再就业，心衰身伤，她坚强地挺过了一道道难关，携手再婚，中年得子，取名林一。尝尽世情冷暖的姑姑，取一为名，其深意真是一言难尽。

一字精华，浓缩篇章。美国一家出版社的刊物发表过一首题为《生活》的诗歌，全篇只有一个字：网。精炼深刻地揭示了错综复杂的人际关系。美国某大学曾举办过微型小说征文比赛，结果一篇《第一封情书寄去后》的小说获得最高奖，该小说只有一个字：等……令人回味无穷。

鲁迅先生致赖少其信中说：“巨大的建筑，总是一木一石叠起来的，我们何妨不做这一木一石呢？”赖少其深受感动，并取一木一石为书斋名。一木一石镂刻不朽的奇迹，奠基人生的信念。

一如寒冬腊月漫天飞舞的雪花，不掺杂色的清纯；一如暗藏江河冰层底部的激流，等待冰消雪化的喷涌。一是跨越千山万水不能忘记的故乡明月，一是无力承载生命的无助与迷茫后的豁然开释，一是未完待续的华章，一是胜过千言万语的思考。

以“一”为梯，脚踏实地走好每一步，但求一生静好。

做贵人的贵人

表妹凤前年大学毕业，凭借一口流利的外语，应聘到一家外贸公司。她这只山窝窝里飞出的草根“凤”，能在繁华的都市落脚不容易，因而很珍惜这难得的就业机会，工作上格外勤勉踏实。

有一天，她正埋头写企划案，听到走道里一阵嘈杂声。她走出去一看，见琳拎起白色长裙，指着几颗米粒大小的污渍，尖声叫道：“你怎么拖地的，泥点乱甩，也不瞅着点？”

对面站着新来的清洁工，是一位50多岁的妇人，她歉意地说：“姑娘，对不起啊。”琳杏眼轻挑，冷讽道：“我这条裙子可是Versace，国际名牌，要是洗不干净，你赔得起吗？”

妇人低头不语，尴尬地站在那里。凤走上前替老人解围，说：“这条裙子，我负责帮你干洗。她也不是故意的，你多担待些。”

几位同事小声地议论着，琳不好再说什么，鼻子轻轻一哼，高跟鞋踏着清脆的足音，“咯噔咯噔”地走了。

凤留意起负责清洁的阿姨。每天干完活后，她便倚在仓库门前，拿起回收的旧报纸，正过来翻过去地看。她的两鬓之间，有星星点点的白发，神色安详慈爱，让她想起远在家乡的母亲。

从那以后，她每天早上冲茶时，总忘不了给清洁工阿姨送去一杯。她递上的是一杯水的关怀，却滋润了阿姨的心。之后，每次见到她，阿姨都报以感激的微笑。

工作后的第二年，企业效益大幅滑坡，作为职场新人的凤被列入裁员名单。凤整理东西，准备离开公司，想起这一年的辛苦打拼以及未知的前途，眼泪无声地滑落。

这时，清洁工阿姨走过来，轻轻拍拍凤的肩膀，递给她一张写有电话的纸片，说：“你明天打电话过去，到这家公司应聘一下试试。”凤不解地抬起头，阿姨已转身离开。

第二天，凤抱着一线希望，按那个电话打过去，受到对方的热情邀请。经过面试，凤被一家规模较大的中外合资企业聘用。

原来，清洁工阿姨是那家公司人事部经理郑凯的母亲。凯是个孝子，把在乡下寡居的母亲接来同住，但劳碌了一辈子的母亲，不习惯于城市的清闲，便给自己找了份差事做。凯倒也开明，只要母亲高兴，挣的全是快乐。

颇具戏剧性的是，凤后来和凯牵手婚姻。善良的种子，竟开出最美的爱之花，促成了一段佳话。

在一次家庭宴会上，凤讲起这段经历。大家纷纷说她运气好，遇到婆婆这位贵人，不料一向讷言的姨父说："只有多去帮助别人，才会得到别人的帮助。"

听了姨父的话，我陷入沉思。想起自己刚上班时，无法适应错综复杂的人事，内心苦恼、烦闷，时常感叹世道艰难，运气不济。

偶然的一次机会，去拜访仰慕已久的文学老师。他的家里除了书、花草和简单的陈设，没有多余的物什，可谓简朴之至。原来，花甲之年的他经常参与慈善活动，把手里宽裕的钱和家里用不着的旧物都捐出去了。

老师的前半生，经历过无数凄风苦雨。然而，他的神情洁净芬芳，看不到一丝愁苦。我道出心底的困惑，老师淡淡地笑了，说："要学会施爱于人，才能把一颗心活简单了。"

老师的话，禅意幽深，让我恍然顿悟。我试着改变自己，用欢喜心来待人处事。之前有过纠结的人，现在不计较了，放下它，才知道有多轻松。遇到不如意的事，换个角度去想，又是一片新天新地新景致。

我尽量像老师那样，走出一己的悲欢，去关注尘世的冷暖，为慈善尽绵薄之力。没了傲慢，少了贪求；没了责怨，少了痴妄。那颗沉沉浮浮的心，渐渐变得淡定而从容。

曾经帮助过的人，有的可能成为良师、挚友，他们是你生命里的贵人。即使成为路人甲，毕竟以微尘之爱，温暖过另一颗心，想一想，都觉得是件美好的事。

人生路上遇贵人，就此峰回路转，花香满径，是许多人暗暗期许的。其实，不妨先放低自己，做他人的贵人。当我们把爱分成许多份，赠予他人时，往往也在不经意间成就了自己。

平常心，快乐过

一次偶然的机会，我采访了他。他跟我讲起自己的创业史——如何从家境贫困的农村少年，经过三起三落，历经大悲大喜，成为资产逾千万的企业家。

我被他身上那股不服输、不言弃的精神所打动，然而，从他的话语里，没有感受到成功者的喜悦，反而觉得他那深邃的眼眸，像幽幽的湖水，透着一种忧郁的气质。

整个采访过程中，他轻皱着眉，始终没有露出一丝笑容。还不到四十岁的他，鬓角已有了缕缕白发。我对他说："可以看得出，您的心理压力很大。"

他不置可否地笑笑，说："人在商海，劈波斩浪，谈何容易啊。"停了一会儿，我接着问："您从事过慈善事业吗？"

他想了想，说："我考虑过这个问题，等企业总资产超过五千万时，我会拿出一部分资金资助贫困学校。""慈善，应从当下做起，"我诚恳地说，"不在于捐了多少钱，关键是有份爱心。”他若有所思，轻轻地点头。

就在此事渐渐淡出记忆时，我意外地收到他的邮件。他在信中说：谢谢你的建议，让我懂得取舍，重新找回快乐。

原来，自从投身商场后，他不断设定目标，追逐利益最大化。一个个膨胀的欲望，如浪花般升腾、幻灭，此起彼伏。那次谈话后，他决定走出“小我”的世界，用行动回报社会。

他在网上看到一所学校，简陋的校舍，坑凹的操场，还有那一双双渴望知识的眼睛，无不叩击着他的心灵。他打电话确认后，随即汇去一笔助学资金，后来，又陆续寄去千余册图书。

半年后的一天，他给山区小学的校长打电话，独自开车前往那里。他看到了这一生都无法忘怀的一幕：衣着单薄的孩子，齐刷刷地站在风中，朝路上张望着。

他下了车，孩子们围上来，争抢着牵他的手。没有牵到手的孩子，显得有些着急。顿时，他心里满满的尽是感动，那些笑容灿烂的孩子，宛如开在指尖的花。

他们簇拥着他，朝校园里走去，叽叽喳喳地讲着学校的变化。他的眼泪一下子流了下来，这些年来，他参加过许多重要场合，收到赞美无数，都不及这一刻，让他感到满足和快乐……

读到这里，我会心地一笑。多年以前，我也曾像他一样，被烦恼的蛛丝缠绕。那时的我，太在意别人的看法。他人一句不经意的话语，都有可能伤到自己，仿佛话语也有生命似的。

我向一位朋友倾诉烦恼，问如何清除心中“杂草”？他答非所问：“这个周末，我们一起去做义工吧？”我有些犹豫地问道：“做义工？我也可以吗？”他笑着说：“帮助别人，快乐自己。”

我跟随朋友来到敬老院，有几位义工在给老人们洗头或剪指甲。朋友也立刻忙活起来，打来一盆清水，为腿脚不便的老人洗脚。其中有位老人，脚面黑黢黢的，她换了三盆水，才把那双脚洗出本色。

义工们边为老人服务，边跟他们拉家常，轻快的笑声，不时飘过我的耳畔。看到一个个忙碌的身影，我的眼睛湿润了，他们用最平凡、最朴素的方式，传递着对弱者的心灵抚慰。

我们都在追寻快乐，如何才能获得快乐呢？有的人以为拥有丰厚的物质就可以得到快乐，却往往发现快乐与他背道而驰。有的人以为满足愿望是快乐，可那样的快乐是短暂的、易逝的。

其实，真正的快乐来自心灵的富足。保持一颗平常心，不为生活琐事而纠结。看到他人困苦，尽己所能地给予帮助。这样的人，内心必然是安宁、平和的，流淌着快乐的歌。

你的世界，来自你心的光亮

他是我的博友，轻松幽默的文笔，常令人捧腹不已。这样睿智通透的一个人，也有烦恼的时候。他和杰曾是关系很“磁”的朋友，杰平时喜欢乱花钱，遇事就找他借，他每次都爽快地答应。杰生病住院，他不仅垫上医药费，还专门请假，到医院陪护他。

有一天，他发起高烧，正好杰打来电话，他让杰帮忙买些药。可等了大半天，没见杰的影子。病好后，他问及此事，杰说自己粗心，把这事给忘了。同事打趣道，前两天上司生病，你跑前跑后，服务倒是挺周到。杰神色有些尴尬，他宽宥地一笑，没再多说什么。

不久后，杰被调到另一个部门，提升为业务经理。他约杰出去玩，杰以种种理由搪塞，见到他，很少主动打招呼。他怎么也想不通，自己真心对待他，即使对方有做得不当的地方，尽量去包容他，为什么得不到相应的回馈和尊重。

其实，类似的情景在人际交往中并不鲜见。她和娜从小玩到大，是要好的姐妹。后来，她经别人介绍，结识了位男友，他是刚毕业的大学生，长得又英俊，她疯狂地迷恋上了他。她怕因此冷落娜，约会时经常喊上她，仨人一起吃饭、逛街、看电影。

谁曾想有人传言，男友和娜谈起了恋爱。她只觉眼前一黑，胸口像被针扎了似的疼，说不出的难受。她跑去质问娜，娜淡淡地说，爱情的事，没法说对错。她转身离去，走在风里，泪不停地流。此后多年，她心扉紧闭，走不出往事的阴影。

前段时间，我到南方的一座小城，寻访一位旧友。记忆中的她，说话温哝软语，声音那么动听。年少时的我们，是形影不离的伙伴，有说不完的悄悄话。刚转学时，我们通过几年信，这些年联系不多，但我一直挂念着她。

我到了她居住的街巷，附近正在拆迁，灰尘荡得弥天漫地。沿着楼牌号找下去，我看到了她。她刚从外边回来，头发乱蓬蓬的，怀里揽着大白菜。她身后跟着个小男孩，她边走边吵，嗓门很大，孩子不停地哭。

她认出了我，把我让进屋里，没说上几句话，话题又绕到孩子身上。她絮絮地说着，完全没有想到，我是怀着怎样的一腔热情，千里迢迢来寻她。坐了一会儿，我起身告辞，她甚至连挽留的话都没多说一句。

我们会原谅陌生人无心的过错，却无法坦然接受朋友的辜负、伤害或漠视。自己很看重的一份友情，结局竟是如此潦草。那种感觉，就好比你被美妙的音乐所吸引，听得如痴如醉，乐曲却戛然而止，让你心里空空的，很无奈，也很失落。

直到那天，我读到这样一句话：世间万象不过一镜而已，你给它天籁之音，它便许你丝竹管弦之乐；你给它十分相爱，它便许你莲花处处开。你的世界，永远都是来自你心的光亮。我很难形容那一刻的感觉，仿佛一束光芒，穿越内心深处，驱散积压在心中的阴霾。

漫漫人生路上，我们总会遇见一些人，相伴走过一段芬芳的心路。倘若此后不得已而分离，只是缘分已尽，仍要心存感念，默默地道声祝福。唯有内心充满光亮，你才有可能用热诚与善良，成就另一段情义，使其在红尘中润泽成珠。

清 欢

人生有味是清欢。“清欢”两个字真动听。食遍人间烟火，清静并欢喜地生活。

林清玄说：“清欢是不讲究物质条件的，它只讲究心灵的品味。”清欢，总让我想起莲，出淤泥而不染，濯清涟而不妖，温婉、淡雅、纯洁。是红尘中的一株净莲，正是“了却诸缘如幻梦，世间唯有妙莲花”。

喧嚣的世间，浮躁的人心，都市生活的丰富，攀比浮夸风气蔓延，清欢俨然成了不可多得的情趣。花天酒地的奢侈、及时行乐的颓靡，皆让人唏嘘不已。世间诸多诱惑，很多人的心不能有所皈依，彷徨无助，寂寞空虚，越活越无味。

流年光影，辗转红尘，蓦然回首，只觉南柯一梦，流年暗中被偷换。于红尘道场中植一株净莲，安于佛前一隅，或跪在蒲团，参禅打坐。听暮鼓晨钟，看菩提花落又花开。静坐于青灯黄卷下，一盏清茶，几卷经书，有我云水禅心。悠然自得，却有暗香盈袖。我心如莲，这次第，清欢，绽放。相安无事，愿岁月静好。

清欢，是删繁就简，弃假留真。于闲暇的午后，静静地待在家中，做一些简单的事。聆听佛歌，沏上一壶西湖龙井，馥郁氤氲，抑或是练练书法，什么也不去想，与茶与书为友，原来是人生这样一大快事，不用害怕无人倾听，不必担心说错话，亦无须品尝背叛的滋味。就这样一厢情愿地辗转于清欢之中，清淡、素雅地过日子。不为物喜，不为己悲，满心欢喜地活着，这便是人生最朴实的写照，亦是对清欢最动人的诠释——心里是欢喜的。

清欢，是信马由缰，慈悲为怀。清欢之所以美妙，因为对生活无所求，强调的是精神和心灵的富足。要的不是鲜衣怒马的生活，有的是素衣素色；要的不是浓墨重彩，而是浓淡相宜，素净、清芬亦欢愉。不同于李清照“旧时天气旧时衣，只有情怀，不似旧家时”的哀怨缠绵；不同于白居易的“天长地久有时尽，此恨绵绵无绝期”的哀转久绝；亦不同于李商隐的“此情可待成追忆，只是当时已惘然”的嗟叹伤怀。而是于天地之间，拈花一笑，云卷云舒，得失安然，人淡如菊。

清欢，亦是荷亭听雨，心如秋月。安妮宝贝是这样描写自己的生活的：“对我来说，饮食洁净，过一种质朴而丰富的生活，即是所愿。睡前醒来，在床上安静读完几十页书。一边听音乐，一边烹煮食物。暴雨午后煮水喝茶。在电脑前坐下来，写字和工作，保持八个小时……”——如此循环往复的生活，于她而言，是一种清欢淡足。生活过得平淡无奇，甚至在别人眼里是枯闷烦琐，若是能做自己喜欢的事，如沐清风，温一壶明月下酒，物我两忘，怡然自得。

沏上一壶铁观音，一边不时啜饮几口，闻闻幽香，一边读钟爱的散文，字字珠玑，妖娆清幽，苍凉却有风骨，心里很是享受这种时光。雪小禅说，人生，最终要归到小桥流水——老百姓的一粥一饭，一个小咸菜、一杯清茶更能引怀乡思。生活，便是如此。要多辽阔有多辽阔，要多清欢有多清欢。清欢与否，全在我们对待生活的态度。心态安好，清欢则长存。

人之一生，岁月荏苒，如白驹过隙，无须更多，够用就好，莫强求。人生一场，简单地活一回，一杯清茶，一碗清粥，一份清欢，生命却是饱满的，此生足矣。

隐 忍

隐忍，该是一种怎样的胸襟？比天辽阔，比海深沉。

人生有很多事，需要忍；人生有很多痛，需要忍；人生有很多苦，需要忍。忍是一种修行，忍是一种胸怀，忍亦是一种智慧。

生命中有许多苦难，让我们学会了承受，学会了担当；生活中有许多不如意，让我们学会了忍耐，学会了在忍中笑看人生，命运从来都是峰回路转的，生活从来都是波澜起伏的，爱情从来都是千回百转的——正是有了曲折和坎坷，才练就了我们忍者风范——沉默，并不是懦弱；冷笑，并不是清高；哭泣，并不是屈服。

生活是一道不定项选择题，选项有很多，但都是围绕主题展开叙述的。有的时候，不是听不到议论，只是选择装作没听见；有的时候，不是看不到黑脸，只是选择装作没看见；甚至有的时候，不是不想解释，只是欲辨已忘言抑或无言以对。因此，大多时候，都是生活选择你，而不是你选择生活。尽管不情愿，但还得坦然面对，持有一颗隐忍的心。

子曰："小不忍则乱大谋。"告诉自己，忍一时风平浪静，退一步海阔天空。

佛说：你永远要宽恕众生，不论他有多坏，甚至伤害过你，你一定要放下，才能得到真正的快乐。总是活在别人给的阴影里，阳光如何照亮你潮湿的心？一念清明，不再耿耿于怀；一念慈悲，不再怀恨在心。你便有了相逢一笑泯恩仇的凛然，过去的就让它随风而逝吧。

如果和心爱的人在一起，隐忍是理解宽容，爱到情深处。看花好月圆、细水长流；听渔歌唱晚、燕雀啁啾。

梁思成爱林徽因爱到骨子里，所以，他能容忍她自由地与别的男人来往。甚至面对徐志摩和金岳霖明目张胆地追求，亦是选择隐忍。他给了她最大的包容，以至于在面对根据泰戈尔的《摩诃婆罗多》改编的爱情诗剧《齐德拉》，她与徐志摩扮演相爱的一对鸳鸯，两人配合得天衣无缝、缠绵缱绻之时，连梁启超都能看出其中的端倪，火冒三丈，梁思成却并不为动，那并不是懦弱，而是爱到情深处，一往情深。理解和宽宥的背后，是对爱的信任与付出。

张爱玲在爱情里是个很能忍的女子。她是那样深爱胡兰成，甚至纵容他和别的女子有私情，面对他的薄情负心，纵使飞蛾扑火，落得个遍体鳞伤，只怪流光不解风情，无意负了流年，却不曾怪罪于他。她含着深情地说，因为懂得，所以慈悲。

千年以前，那些文人骚客，抑或失意的政客，选择归隐，放弃锦衣玉食，而与白云静水、清风朗月、晨钟暮鼓为伴，品茶赏花，诵读经文，云水禅心，从此沉湎于世外桃源。古语有言：小隐隐于野，中隐隐于市，大隐隐于朝。陶潜选择归隐南山，采菊东篱。而王维，钟爱深山古刹，虽身处钩心斗角、喧嚣的朝政，却能淡然处之，宠辱不惊——行到水穷处，坐看云起时，可谓是真正的隐者。

忍得了寂寞孤独、相思之苦，可谓是一种至高境界。古来圣贤皆寂寞，李清照这个大才女，比烟花寂寞。她是个颇为讲求小资情调的词人，当寂寞来袭，她徘徊在晚秋湖边，看山光水色交相辉映，良辰美景，借着几分醉意，咏唱一曲：争渡，争渡，惊起一滩鸥鹭；抑或思念泛滥，正值重阳佳节，又是孤眠又是烧香炉，凄凉寂静得很，奈何思念孤独之感有增无减，便寻思着解解闷，于向晚的黄昏，把酒东篱，却有暗香盈袖，凭着几许酒兴，低吟浅唱：莫道不消魂，帘卷西风，人比黄花瘦。

《菜根谭》有云：“拨开世上尘氛，胸中自无火炎冰竞；消却心中鄙吝，眼前时有月到风来。”此去经年，待到山花烂漫、清风朗月、一念慈悲之际，你方可如释重负，那些不为人知的辛酸的背后，只一刹，蓦然回首，才发现，当年的容颜被岁月销蚀得越发沧桑，那所有的恩怨情仇，都化为乌有。此中有真意，不语已知心。忍天下难忍之人或事，是对心灵最崇高的修行。

你若盛开，清风自来

特别喜欢“你若盛开，清风自来”这句话，喜欢到骨子里的那种喜欢。读起来薄凉薄凉的，有种飘飘然的感觉，却能让人想要如花般绽放，待到清风徐来时，花香满溢，定是能感动人的。

花儿每次盛开，注定是要经历疼痛的洗礼，展现曼妙的身姿。一意孤行地盛开，开到荼蘼花事了，傲骨挺姿，生怕辜负季节的恩泽。哪怕世事如何变幻莫测，世态如何炎凉，生活如何困苦，她总是恣意地盛开，兀自芬芳，清风拂来，暗香涌动……

一个人总是要尝试孤身作战，去走陌生的路，听陌生的歌，住陌生的城市，看陌生的风景，面对现实的残酷与别人的冷漠，我们要学会自己治愈伤口。要相信，在陌生的环境里，终究有那么一天，你如花般盛开，香气袭人，为苍白的人生平添绚丽的色彩，煞是惊艳、迷人；要知道，每个人都是上帝的宠儿，好好地活着，花期自会到来，幸福也将悄然而至。

若是平白无故被误解，解释却成了掩饰，甚至被反咬一口，此时，你不需绝望，不需生气，更不需大骂。佛说："根本不必回头去看咒骂你的人是谁，如果有一条疯狗咬你一口，难道你也要趴下去反咬它一口吗？"

人确实要学会隐忍，心中才会澄净明亮，任何疯言疯语都中伤不了你。嘴巴是别人的，人生却是自己的。你有你的看法，我有我的原则，我不能阻止你恶语伤人，但我能两耳不闻，心若自在，活在自己的小天地里，照样花团锦簇，四季来，花自开，清风至，馥郁芳香。多一点枝枝节节，那就多开一些花。你就是那一朵花。坚强，动人，温婉，淡雅。

三毛曾说："我笑，便面如春花，定是能感动人的，任他是谁。"人生苦短，白驹过隙，生命不必委曲求全，不要让自己留下遗憾，做自己喜欢做的事，以自己想要的方式生活，即使在淤泥里也要开出艳丽的花朵，好好疼爱自己，宠爱自己，相信自己。

近来看史铁生的随笔，让我肃然起敬，俯首称臣。他的文字是那么真实，全无矫揉造作之态，字里行间，深沉，温和，敦厚，充满生机与希望。身体上的残缺，并未使他自暴自弃，面对疾病的折磨，他曾有过轻生的念头，但他给了自己一个机会，再活一活试试。常言道："上帝在给你关闭一扇门的时候，也会给你打开一扇窗。"如果说残疾就是上帝关门的警示，那么写作就是那扇窗，让他的生命开出花来，是使他活下去的勇气和信心，并且活得精彩。其实，不必讶异，不必慨叹，好好欣赏生活赐予的残缺，在残缺上开出傲骨的花，残缺也是一种美，衬托出你人格的健全和心灵的芬芳。

没有创伤的珍珠贝，怎会有迷人闪烁的珍珠。同样，一星陨落，还有月亮星辰，暗淡不了整个星空；一叶飘零，还有绿树红花，荒芜不了整个春天。面对生活中的苦与难，我们能做的，就是让生命尽量开花。从容淡定，坐看云起，岁月静好，浅笑安然。

茫茫尘海，漫漫人生，再回首时，恍然如梦。人之一生，苦也罢，乐也罢，得也罢，失也罢，要紧的是心间的一方净土不能死气沉沉，黯淡无光。哪怕沧海桑田、世态炎凉，你若盛开，清风阵阵，命里有时终须有，想要的自会有的，该来的总会到来。

最是闲时起风情

闲是什么？是偷懒吗？是无聊吗？那思想真是太循规蹈矩、不解风情了。闲是荷亭听雨，看花听鸟，听琴观棋，品茗静坐……闲可以风情万种，带点小资情调，贴心贴肺，让人欢喜。

李渔有传世名作，取名为《闲情偶寄》。集词曲、演习、声容、居室、器玩、饮馔、种植、颐养为一体。李渔也真是闲，钟情于研究生活的方方面面，享受生活，怡情养性。他说，若能实具一段闲情、一双慧眼，则过目之处，竟是画图；入耳之声，无非诗料。这样的闲情，颇具趣味与智慧，真是难得、惬意。

浮生里，“闲”几乎成了奢侈。回首半生匆匆，忙碌的工作将我们的生活围得水泄不通；回首半生如梦，我们很少有空停下来思考一件事，以至于感情受困，无法自拔。甚至连陪陪家人聊聊天的时间也少得可怜，而忽略了人间自有真情在。

人总是唯恐自己无知的事，有的是一颗求索的心。年少，为了求学考功名，孜孜不倦，埋头苦干；青年，为了赢取事业名誉，四处奔波，忙得如火如荼；不惑之年，安居乐业，有空闲下来去走走看看，又怕成功毁于旦夕，抑或受控于欲望，始终不能抽身离去；花甲之年，好不容易可以无事一身轻，却又腿脚不灵，眼睛不好使，怕给家人带来不必要的麻烦。年轻的一代打拼事业，便也带起小孩、操起家务，哪里来的闲情逸致？

喜欢一句诗：有约不来过夜半，闲敲棋子落灯花。这样的闲，心无旁骛，不起涟漪，不受干扰，真好。管你来不来，我有的是空闲，自己也能把玩出一番情趣。摆脱一切束缚，哪怕是旁逸斜出千万朵，赏心只有两三枝，也要有坐对当窗木、看移三面阴的闲情，不辜负人间好时节。

闲，禅意幽幽，南宋大文豪朱熹深受禅宗的影响，整天埋头于研究儒学经典，忙得不可开交，无暇顾及外面的大好风光。有一天，他终于开悟了，挥毫作了一首七言绝句，诗云：川原红绿一时新，暮雨朝晴更可人。书册埋头无了日，不如抛却去寻春。书不看了，闲下来，寻春去，云在青天水在瓶，十足的况味！

闲是汪曾祺写的诗：大乱十年成一梦，与君安坐吃擂茶。纵使外面兵荒马乱、歌舞升平，不过是南柯一梦，不如就此与友安坐饮茶，闲聊几句，把当下生活过滋润，妙趣横生。

闲还是司汤达小说《红与黑》里对瑞那妇人的刻画活灵

活现。说她看到家里来客越来越少，反倒高兴。在她眼里，只要能在自己美丽的花园里安闲徜徉，就无所抱怨了。俗世的尘埃并未玷污她逼仄的性情，知足的心态使她身处滚滚红尘中，不为所扰，安之若素。这样的女子会散发出一种淡淡的芳香，与她相处，如沐春风，自然可以倾心交谈，不必讳言掩饰。以至于死到临头的于连，也无限怀念与她共处的那些时日，祈盼能与她再见一面，爱得忘乎所以。

很是欣赏“浮生偷得半日闲”的人生态度，再忙也要抽空做一些自己喜欢做的事，哪怕无关紧要，又何妨？世事易变，冯唐易老，人生难得几回清闲，你会发现，一些琐碎至极的事，其实并不如你想象的烦琐与沉闷。打破界限，疯狂几次，忘记生命的疼痛与无奈，忽略生活的苍白与寂寞，收获的是别致的心情，纯粹、静思、通透、笃定、欢愉。就如几米所说，不管世界是圆的、平的，只有漂浮的白云与翱翔的飞鸟，才能装点出快乐的天堂。

我喜欢在明媚冬日的午后，静坐在阳光下，沏上一壶茶，翻阅一本书。若是看书看累了，便与身旁的花花草草闲聊。我喜欢绿色的叶子，绿得那样放肆与自然，我也要用绿色作为保护色，不造作，不浮夸，不炫耀。清风拂过，风动桂花香，阵阵馨香让人如痴如醉，心灵便也静默了，以此度过生命的清凉与荒芜，也无憾了。

晴耕，雨读。赏花，小憩。磨墨，吮毫。品茗，焚香。我心素已闲，浅喜安稳，别有一番滋味在心头。

自净其心

“自净其心”这四个字，初初见，一眼惊心，只觉眼前有如月到风来，禅意妖娆，心里无比欢喜。出自弘一法师妙笔，自净其心有若光风霁月，真是贴心贴肺。

自，净，其，心，字字看似风平浪静，实则是波涛汹涌后的气定神闲、明心见性。

禅宗有一故事：一人去深山中的寺庙找禅师问道。禅师问：“你到这儿来是干什么？”那人一本正经地说：“我是来修佛的。” 禅师缓缓开口答道：“佛没坏，不用修，先修自己。”

人只有自己才能真正解救自己，不完美的是人生，有疼痛的是生活。没有过不去的坎儿，只有转不过的弯儿。

去领略雨过天晴、万物明净、天山共色的大好风光，也去迎接狂风暴雨、雷鸣交加、雪虐风饕的糟糕天气，让自己拥有一颗通透的心灵，豁达、洒脱，好与不好，得意与失意……终究是要尘埃落定，一切都风烟俱净。

一个人，从年少轻狂走向成熟稳重，从自以为是变成谦逊慎独，从故步自封变成宽宏大量，与年龄的渐长微乎其微，最重要的是心态的改变和心智的成熟。有些事情，我们都无法避之，甚至无法更改。树欲静而风不止，既然如此，不如秉持一颗坦然的心态去接受，把生活过成一种方式，拈花一笑，宠辱不惊，去留无意；且听风吟，闲看花草，漫随云雨。

有朋友跟我抱怨，说她有个朋友，总是在你兴致勃勃谈论某种观点抑或发表某种见解时，无情地给你泼冷水，把你内心的炽热彻底浇灭，令人顿生寒意。起初听之，对此行为也是深恶痛绝。毕竟很多时候，一个人不经意间的话语，但说者无意，听者有心，可能导致一整天的心情都受影响。所谓“良言一句三冬暖，恶语伤人六月天”，既然为人不懂得这个道理，那也无须与她恶语相加。只管充耳不闻，视若无睹，话留半句积口德。

《玫瑰的哲学》中有一段触动心扉的话，每一朵玫瑰都有刺，正如每个人的性格里都有你不能容忍的部分。爱护每一朵玫瑰，并不是要努力地把它的刺根除掉，只能学习如何不被它的刺刺伤，还有，如何不让自己的刺刺伤别人。你要有一颗隐忍的心，学着去忍耐别人，宽宥他人，不要去伤害别人。化干戈为玉帛，以善良自持，不愧于天，不怍于人。

读丰子恺的《不宠无惊过一生》，不乱于心，不困于情。不畏将来，不念过往。如此，安好！伤心的时候要学会自我疗伤，急躁的时候要学会自我平复，生气的时候要学会自我开导……要相信，你所经历的一切，不过是为了磨炼自己的意志，使自己强大到百毒不侵。没有谁能抢走你的东西，除非它原本就不属于你，任凭你如何挽留伤神也无济于事；也不要沉湎于痛苦之中无法自拔，一味地伤春悲秋，只会让你意志消沉，不堪一击。

心若是别人的，我们无法控制；嘴若是别人的，我们无法住口；脚若是别人的，我们无法挽留。三毛曾经说过，你是自由的，你有权利以自己的方式表达自己的路。他人喜不喜欢你走出来的路，不是你的事情，因为，毕竟你没有强迫任何人。去做自己喜欢的事，哪怕不被认可，冷嘲热讽，一如既往地去做，不忘初心，倾其自己想要的生活。

没有得到，不如放手；没有如愿，不如释怀；没有净土，不如自净其心。不怨怼，不躁进，不强求，不悲观，不刻板，不忘形……诚如禅师所言：先修自己。用一颗淡然的心去面对，不争，不恼，不放在心上，上善若水，一切都将云淡风轻。

不欲盈

人生的最高境界：不欲盈。

佛说：千灯万盏，不如心灯一盏。

再美的花朵，盛开后就凋落；再亮眼的流星，一闪过就坠落；再迷人的泡沫，一触就破。要知道，没有什么是完美的，没有什么是无瑕疵的。

爱，有时候就像泡沫，迷人眼，醉人心，却脆弱得很，灰飞烟灭；又像烟花，惊鸿艳影，一霎花火，瞬间陨落。为爱赴汤蹈火、在所不辞，明知飞蛾扑火，却依旧爱得死去活来，放下誓言：生是他的人，死是他的鬼。全身心投入，不自知，多情总被无情伤，抑或换来被抛弃。再炽热的心，也终有一天冷却。

喝酒不能贪杯，喝得酩酊大醉，伤身。心烦意乱，用酒麻木神经，只能是借酒消愁愁更愁。

有人说，当你爱一个人的时候，爱到八分绝对刚刚好。

所有的期待和希望都只有七八分；剩下两三分用来爱自己。如果你还继续爱得更多，很可能会给对方沉重的压力，让彼此喘不过气来，完全丧失了爱情的乐趣。所以请记住，喝酒不要超过六分醉，吃饭不要超过七分饱，爱一个人不要超过八分。

莫言曾说，痛过之后就不会觉得痛了，有的只会是一颗冷漠的心。大可不必把每个人都装进生命里，装满之后，你会发现，人头攒动，拥挤不堪，闷得喘不过气，甚至有别人想再踏入你的生命也只能望而却步。世间遍地是热闹却孤寂的灵魂，来来往往的行人，有些不过是命中的过客，不足挂齿。生命无须太多的陪衬，需要的仅是可以彼此依赖相伴一辈子，足矣。

大千世界，莽莽苍苍，一个人拥有的毕竟有限。生活，一半源于拥有，另一半源于攀比。切莫让贪嗔和虚妄埋葬了现世的幸福与安好。所谓月满则亏，水满则溢，现实很骨感，如果你什么都想要，只不过是竹篮打水一场空、南柯一梦罢了。人生就像行走，若背负的东西过多，负担就越重。有些不必要的，大可舍弃，放下。唯有如此，才能轻松前行。心灵的修行亦是如此，少装一些世俗杂念，专注于自己的分内事，才能在轻之国度里纵享柔情。

三毛说，真正的快乐，不是狂喜，亦不是苦痛，在我很主观地来说，它是细水长流，碧海无波，在芸芸众生里做一个普通的人，享受生命一刹那的喜悦，那么我们即使不死，也在天堂。不必沉迷于快乐中，以为越快乐越好，殊不知，乐极会生悲。适度欢愉，浅喜安稳。在苦痛到来之际，方能不过于悲伤，古井无波。不欲盈，你便可以闲看云舒云卷、花开花落；聆听燕雀啁啾、蛙声一片。

欲望越多，越迷茫，痛苦将至，幸福就越会远离。顾城说，我想当一个诗人的时候，我就失去了诗，我想当一个人的时候，我就失去了自己。在你什么时候都不想要的时候，一切如期而来。人，不能贪得无厌，欲望如糖，不是放越多水越甜，太甜也会变成苦，甜到悲伤。失去自我，得不偿失。懂得节制欲望的人，方能体会到人生的真正乐趣之所在。

泡龙井是颇为讲究的。她要的是“不欲盈”，因了她细皮嫩肉，对水温真真敏感。若你用100摄氏度沸腾的水冲泡，她定是不能忍受的，导致茶中的叶绿素因高温而遭受破坏，叶底变黄，并且使茶汤泛黄，浓郁的清香散失；若是气温过低，又使茶叶漂浮在水面上，氤氲的茶香荡然无存。因此，要想泡上一壶鲜爽甘醇、幽而不俗、香馥若兰的龙井，需等沸水冷却至80摄氏度左右时，再进行冲泡，那茶香足以沁人心脾，那茶水足以让人口齿留香，回味无穷。

不欲盈，是一种大智慧，蕴含着深刻的哲理。适当追求，能使生活甜蜜。不以物喜，不以己悲。宠辱不惊，得失安然。拥有一颗平淡的心，人淡如菊，淡久生香。不求全责备，不人云亦云，不好高骛远，知足常乐。

平常心是道

我很喜欢禅宗的一个公案：

赵州曾问南泉："什么是道？"

南泉答道："平常心是道。"

赵州追问："什么是平常心呢？"

"春有百花秋有月，夏有凉风冬有雪。若无闲事挂心头，便是人间好时节。"南泉答道。

仅仅几句对白，却一语道出其中蕴含的禅机。"天下熙熙，皆为利来；天下攘攘，皆为利往。"如何在滚滚红尘中，不为名利所困？不为美色所迷？不为钱权所驱？拥有一颗平常心，漫观天外云卷云舒，闲看庭前花开花落，放下执着，宠辱不惊。

生活中的苦与乐，其实全在于我们的态度。比如，如果你在春天里只看到雷鸣闪电、阴雨绵绵，夏天里只觉得高温酷暑、热不可耐，秋天里萧索凄凉、阴沉死气，冬天里天寒地冻、寒风刺骨，心情自然是郁郁寡欢，生活无疑是黯淡无光。但是，你若能换个角度看四季，诚如南泉禅师所言“春有百花秋有月，夏有凉风冬有雪”，不管季节如何更换，都是人间好时节。

“闲事”不是所谓的无所事事，而是没有心烦之事。生活的道路总会有坑坑洼洼，若是苦苦纠缠、耿耿于怀，只会让你更加无精打采抑或黯然神伤，终究无力回天。泪水涟漪的眼睛，怎能看清花开花落；心浮气躁的心情，怎能听懂蛙声一片。在面对生活无情的打击和困难挫折时，应该学会用一颗淡然、清净的心去面对生活，便会转出柳暗花明，走出荆棘。前面是铺满鲜花的康庄大道，暗香涌动，得到意料之外的惊喜也未尝不可。

有一位禅师有三个弟子，有一天，师父问三个弟子：“门前有二棵树，荣一棵，枯一棵，你们说是枯的好还是荣的好？”大徒弟听了不假思索地说：“荣的好。”二徒弟说：“枯的好。”三徒弟说：“枯也由它，荣也由它。”

这就是所谓的“平常心是道”，是“云在青天水在瓶”。对待生活不如意的事，用一颗平常心去面对。得意淡然，失意坦然。正如云有云的快乐，自由自在，远离世俗，无忧无虑，无牵无挂；云也有云的忧愁，居无定所，漫无目的地飘游暗藏着空虚寂寞。瓶中水有瓶中水的快乐，活在当下，不必为遥远的未知而担惊受怕、患得患失；瓶中水也有瓶中水的悲伤，身不由己，无法体会到汇入大海时那一刻的惊心动魄之美。

既然此事古难全，但愿云飘逸在高空，不因位置优越而目中无人；瓶中水局限于瓶中，不因空间狭小而悲天悯人。

失意之时不需怨天尤人，痛苦之际不需哭天抢地，险境之中不需萎靡不振。错失了夏花绚烂，还有秋叶静美。淡然是盛开的花朵，花开有时，却足以让人回眸一笑，倾心一片，唤起昔日的笑颜。月有阴晴圆缺，树欲静而风不止，愿我们拥有一颗从容淡定的心，去面对生活的乐与悲。诚如禅宗祖师所说的“吃饭时吃饭，睡觉时睡觉”。

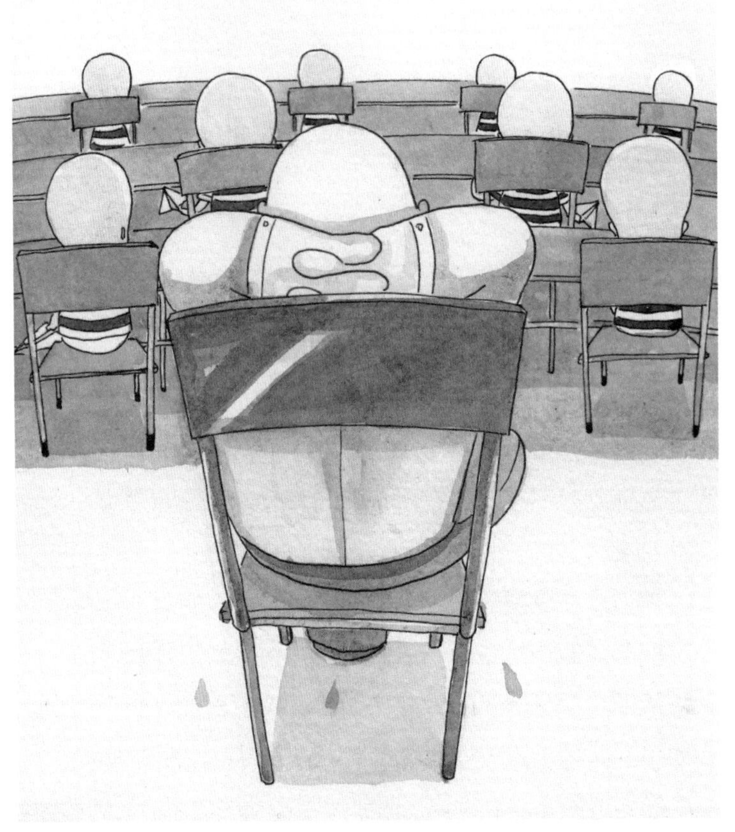

静

静，若是有气味的话，定是幽幽茶香，沁人心脾，如沐春风，让人气定神闲，安之若素；若是有颜色的话，定是湛蓝湛蓝的，像海一样，深远至美。

常建有诗云：“曲径通幽处，禅房花木深。”我喜欢幽深的禅意，于一个清凉的黎明，踱步去古庙，晨曦初照丛林，散发出清辉的光亮。放眼望去，有一条曲径通向幽处，花木藤蔓爬满了禅房，山色空明，燕雀啁啾，烦躁的心在一潭静水中渐渐平静下来，万籁俱静，唯有梵音萦绕在耳边，似诉前世今生的因果。

静，无关风月。一个人的独处，一个人的静默，自己与自己的对白。仿佛置身于深山古刹，听得晨钟暮鼓，拈花一笑；抑或于青灯下，品茗静坐，伴着缕缕茶香，翻阅黄卷，心如止水。真是人生一大乐事。因为懂得，所以慈悲。

静，是最美的气象，犹如一位刚出浴的美人，婀娜曼妙，散发出淡淡的馨香，让人神魂颠倒。静的时刻，连一根针掉下都觉得刺耳，刹那惊心动魄。

静，是花自飘零水自流的从容，是蹴罢秋千，起来慵整纤纤手的慧灵，亦是倚楼无语理瑶琴的悠闲……在物欲横流的今朝，采撷一片净土，于红尘道场中植一株静莲，遍赏秋月春风，宠辱不惊。

小时候，总爱热闹，喜欢往人堆里挤，听人欢声笑语，那声音如风铃般悦耳动听。胆子小，也总要跟着人。记得五岁那年，闷热的午后，让人昏昏欲睡。我呼呼大睡过去，一觉醒来，已是向晚的黄昏。而我身旁的母亲早已不见踪影，相约好要一起去帮我报幼小的，要她去的时候定要叫醒我，她竟和姊姊一同去了，我心里又是恼火又是害怕，空落落的房子，四周安静极了，我想出去，门却被母亲反锁了。

我便爬到窗前，望着窗外的夕阳，落日熔金，一片寂静。我不禁泪眼蒙眬，只好把满腔怒火发泄到衣服上，恨恨地拿起一把剪刀，欲要把衣服剪掉，那是母亲亲手给我做的衣裳，也是我最爱的一件，刚要下手，又狠不下心来，只好剪了一个衣角作罢。眼泪扑簌簌地掉下来，那一刹那，我却喜欢这一刻的静，与我寂寞的心情交相辉映，这般协调，这般美妙。

我揩拭泪水，不禁思绪万千，想必是母亲看了我睡得那样香，不忍心惊扰我的美梦，让我好好地睡一觉。顿时觉得母亲那样亲，用手轻轻地抚摸着她亲手给我做的上衣，那柔滑的料子，忆起往昔她柔情的眼神和慈爱的笑容，莫名其妙地破涕为笑……

席慕蓉说，我心中紧紧系着的结扣慢慢松开，山峦就在我身旁，依着海潮依着月光，我俯首轻声向他道谢，感谢他给我的每一个丽日与静夜。

人生，若有了静，就少了一份浮躁，戒骄戒躁。无形之中，平添了一份温文尔雅。心静则思远，心灵一旦静下来，便会三思而后行，处燃眉之急能够沉着冷静；生七情六欲能够云水禅心；遇浮沉繁华能够不悲不喜。

静，便是一种心态，明心见性，是一种淡然，得失安然。

爱情从来都是千转百回的，我却钟情于静的爱。淡淡的幸福，浅浅的喜怒，无伤大雅。更多的是相互包容与鼓励，俨然已凌驾于物质之上，把爱寄存在心灵深处，安然恬静，淡然守候。在你痛哭流涕的时候，给予你肩膀；在你无理取闹的时候，给予你空间；在你痛不欲生的时候，给予你拥抱……

一直都很安静，却是爱到死心塌地，爱到情深处，一往情深。曾经轰轰烈烈的爱，爱到最后终究要回归到平淡宁静之中，执手相看双眸，柔情似水。不需甜言蜜语，偶尔的喃喃细语，静静地相互依偎着，看花开花落、春雨夏花、落日余晖，阅遍人情冷暖，直到地老天荒、海枯石烂。那已不再是简单的你情我愿相加，在爱中融入亲情的成分，许下生死相依，不离不弃，静度此生。生死契阔，与子成说；执子之手，与子偕老。

从明天起，做一个安静的人，看书，写字，听歌，认真学习工作；从明天起，远离浮躁的鼓动，心如止水，不纠缠于人情世故，不汲汲于富贵名利，天人合一，所思必通畅，所虑必深远；从明天起，让静成为生活的一种常态，不卑，不亢，微笑向阳，活色生香。

不管生活赐予我们什么，拥有一份雅致，品味一份宁静，于宁静中品人生之欢愉，让岁月静好如初。

那茶，那禅，那光阴

一个人待在家里，哪里都不想去，于是沏上一壶大红袍，放一曲绿度母心咒，品茗静坐，聆听佛经，心如止水，颇有点“茶禅一味”的意境。

茶圣陆羽所著《茶经》云：“茶者，南方之嘉木也。”茶产于南方，每一种茶都有它独特的韵味，我尝过很多种茶，譬如安溪铁观音的清香，西湖龙井的甘醇，洞庭湖碧螺春的清幽，安吉白茶的鲜爽，乌牛早茶的甘甜，正山小种的浓烈……这一场场的茶事，一次次的邂逅，他们的味道让我念念不忘、挥之不去。而大红袍这一款，却是我的最爱，让我真正动了心，亦是动了情。

想起雪小禅的《霸道大红袍》：“我钟爱大红袍的叫法，最像一个男子。粗中有细，粗也是真粗，哪里注意那些婆婆妈妈的小节？细也是真细，可以想到他的指甲和发丝。这一场茶事，有着动荡和惊心动魄的香，谁管呢？谁也管不着。”

大红袍乃是武夷山产的名茶，是乌龙茶中之极品。单听这个名字，够气魄，够喜庆，够特别。仿若一个身袭宽大红色长袍的男子，意气风发，风流倜傥。茶叶的颜色是暗黑色的，没有安溪铁观音的蜷曲精致，没有西湖龙井的光滑挺直，有的是外形匀整，条索结实，稍扭曲，不俏丽，却很典雅，那么随意，那么自然，毫无矫情之态。

冲上一壶，只见汤色橙黄明亮，茶气氤氲，香气馥郁，带有兰的清香。吸一口，幽幽香气沁人心脾，神清气爽，顿感五脏六腑、百脉俱通，浅嘬一口，恰似台湾冻顶茶的味道，有点苦涩，浓烈而甘醇。古色古香，又不像普洱那样陈旧的味道，却足能让人缅怀过去。一口下去，口齿留香，回味无穷。

佛曰："前世五百次回眸才换得今生的擦肩而过，我愿用千万次回眸，换得今生与你相遇！"这些年来与茶相遇相伴的日子，他们陪我一起走过五彩斑斓的人生，我们之间情深似海、契若金兰。我深知朋友可能背叛你，茶却永远忠实。

与茶为友的日子，彼此间不需要言语，静静地品尝，那是最亲密的接触，便心领神会。所以一直对茶情有独钟，却也让我喝成茶树般清瘦，朋友们都劝我把茶给戒了，我总是笑而不语。她已是我心口上的一粒朱砂痣，抹不掉的痕迹，也是我永远戒不掉的味道。虽未曾轰轰烈烈般相识相知，却也成了我生命中的挚爱，不可或缺的一部分。这就是所谓的缘分，有些人注定是有缘无分，那又何必强求？可我与茶是有缘有分，此生注定不离不弃，厮守终生。

绿度母心咒是一直循环播放的，喜欢黄慧音大师空灵的声音，在这美妙的旋律里，伴着大红袍，虽谈不上参茶悟道，却也算是自我沉思。偶尔吟唱两句，看不懂经文，那已是不重要了，此刻，我心如明镜，云水禅心，悠然地品尝着大红袍，温暖了时光。

像是这样的一个下午，我一个人在喝茶，却丝毫没有寂寞孤独伤感之意，茶便是我的知己，何来寂寞？何来孤独？又何来伤感？如此浪漫，如此惬意的下午茶！

独 赏

很喜欢作家纪广洋《花开无声》中的一则小故事：

有一个小沙弥非常爱炫耀，有一天，法师送了一盆夜来香给他。

第二天一早，小沙弥高兴地对法师说："夜来香真是太奇妙了，它晚上开放，清香四溢……"

法师就问小沙弥："它晚上开花的时候，吵你了吗？"

"没有，"小沙弥高兴地说，"它的开放和闭合都是静悄悄的，哪能吵我呢？"

"哦，原来是这样啊！"法师说，"老衲还以为花开的时候得吵闹着炫耀一番呢！"

小沙弥的脸唰一下就红了。

我想，触动小沙弥的除了法师话中的"点睛之语"，定还有夜来香的特质：静而不喧，香而不炫。这是一种自在的内敛之美，这是一种清幽的独赏的境界。

独赏是一种“人誉之一笑，人毁之一笑”的超然与自信。记者问刘震云：“你的《一句顶一万句》获得了茅盾文学奖，你有什么感受？”刘震云说：“得知这一消息时，我正在菜市场买菜，没有特别的感受。我喜欢我这部小说，它获奖了，我喜欢，它没获奖，在我心中它的价值不减。”

懂得独赏的人像暗放的花儿，像春夜的雨，像流动的云，是自然，是天成，是本色，是无畏，不需伪装，不需矫饰。

独赏是一种稳坐幕后的宁静与淡泊。喜欢钱钟书婉拒记者的幽默：“假如你吃一个鸡蛋觉得不错，何必要认识那下蛋的母鸡呢？”或许，让我们难以企及的不仅是大师的天赋和成就，还有那源自内心深处的泠泠作响的宁静之泉。

孔子说：“芝兰生于深林，不以无人而不芳。”有些宁静之音是与生俱来的，在闹市不变其色，在僻壤不易其香，这样一种人，即使在深山，亦能千娇百媚地绽放；即使在幽谷，亦能如醉如痴地芬芳。

独赏是历经风吹雨打后的从容和豁达。刘禹锡被贬二十三年，依然“静看蜂教诲，闲想鹤仪形。法酒调神气，清琴入性灵”，不怨，不争。悟蜜蜂精神，想君子仪形。喝酒不为解闷，只为调节精神；弹琴不为消愁，只为陶冶性情。

梁漱溟认为，人类面临三大问题，顺序错不得：先要解决人和物之间的问题，接下来要解决人和人之间的问题，最后一定要解决人和自己内心之间的问题。

这最难的怕是要解决人和自己内心之间的问题了。

人和物之间的问题随着年龄的增长，可以通过慢慢积聚来解决；人和人之间的问题可以通过彼此的宽容和忍让来沟通解决；而人和自己内心之间的问题该如何解决呢？名利多的时候就浮躁，杂事多的时候就急躁，难事多的时候就烦躁……

那就让自己沉静下来，静成一棵松，静成一道岭，静成一条路，在风雪中挺拔，在寂寞中坚守，在踩踏中延伸，听风听雨听鸟鸣，赏花赏月赏自己。

白岩松在采访的时候，碰到一个老人，那老人在路旁的花坛边驻足，探身倾耳，白岩松很好奇，那老人说："我在倾听花开的声音！"

任凭市音聒噪，我自独赏天籁！

喧闹的是世界，宁静的是心灵。请留那么一刻，让自己驻足，闲看一片叶子悠悠地飘落，静听一棵小草懒懒地打哈欠。在胸间种一树繁花，在心底植一丛绿竹，遥想，花香盈怀、翠影飘摇。

人处世间，自会有俗事相扰，在处理好人与物、人与人的关系时，也应该适当留一点时间给自己，倾听自己内心的声音，保持心灵的愉悦。很喜欢梅子的一段"忠告"：爱一个人不要爱到十分，八分已经足够了。剩下的两分，用来爱自己。

是啊，爱物、爱人是应该的，但是自私一点又何妨？

让自己像悄然绽放的夜来香，在暗夜中把自己欣赏成一个怒放的奇迹，一个百花的传奇，一个逐梦的天使：暗暗传香，不惊扰别人；静静独赏，不慢待自己。

修 心

自己不做坏人是君子的本分，这是修身；自己不做坏人还把恶人感化成善人，这是修心。

心是一扇窗，把微笑的心送给他人，便是为铤而走险的人推开一扇转身的门。

喜欢“玛丽的微笑”：

玛丽打开房门的时候，一把明晃晃的菜刀正对着她，持刀者一脸凶相，目光凛凛。玛丽镇定下来微笑面对持刀者，像面对一个久违的邻居：“我早就想买一把菜刀，您来得正是时候！”她掏出钱递给持刀者，从他手里“拿”过菜刀，持刀者的眼光由寒凛变为严肃，由严肃变为沉静。他捏着“卖菜刀”的钱，转身对玛丽说：“您将改变我的一生。”

台湾作家三毛曾说：“人都说台北人不热情，其实是自己先没有热情而已。”生活中常听人抱怨别人的不是，自己怎么就那么倒霉，碰到一个小心眼儿上司、居功自傲的同事、处处难伺候的手下，却不想用自己的真诚、实在、热心去融化他人心里的寒冰，用诚挚的微笑去给走投无路的人一个光亮的出路。

南怀瑾先生说：“你为什么在心中怨恨？不要怕人家不了解你，最重要的是你是否了解别人。”

替他人着想，不但不能使自己卑微反而会使自己高贵，这是修心。

心是一方宇宙，把皎洁的明月送给他人，便是在汹涌的浪涛中昭示“回头是岸”。

喜欢送“明月”给小偷的禅师：

在山中修行的禅师碰到光顾自己茅屋的小偷，月光明亮，他怕惊动小偷，在门口静候。

小偷找不到值钱的东西，返身离去时遇见了禅师，正感到惊慌的时候，禅师说：“你走老远的山路来探望我，总不能让你空手而回呀！”说着脱下了身上的外衣，说道：“夜里凉，你带着这件衣服走吧。”

说完，禅师就把衣服披在小偷身上，小偷不知所措，低着头溜走了。

禅师看着小偷的背影，感慨地说：“可怜的人呀，但愿我能送一轮明月给你！”

第二天，温暖的阳光融融地洒照着茅屋，禅师推开门，睁眼便看到昨晚披在小偷身上的那件外衣被整齐地叠放在门口。禅师非常高兴，喃喃地说道：“我终于送了他一轮明月……”

想到禅师在皎洁的月光下怕惊扰了小偷，静候在自己的门外，这是怎样的悲悯情怀呢？

小偷不是自己的儿孙，不是对社会有益的人，禅师面对的是陌生人，是个行为不端的人，可是禅师想到的是如何不惊扰了这份静夜的“过失”，禅师没把小偷当“小偷”，首先当成了一个人、一个孩子。

小偷没偷着东西应是咎由自取，可禅师不这样想，他把自己的热心给了他，没有批评和指责，没有责罚和怨怒，禅师用挚爱的浮尘扫去了小偷心里的污垢，他用内心坚守的明月赢得了一片朗朗月光。

或许，在尘世之中，信任是最重的砝码，懂得是最深的救赎，善意是最大的压力。

用一颗宽容的心待人，这是修心。

每每对这样的故事不能释怀：

一个深得方丈器重的小和尚动了凡心，放浪形骸，常做些不法之事。几年后小和尚忽然忏悔了，他找到方丈请求原谅，想重新皈依方丈座前修行。方丈深深厌恶他在山下的恶行，说：“你罪孽深重，若想佛祖饶恕，除非桌子上开花。”

第二天，方丈进佛堂诵经，刚一进门，便看见佛像前的桌子上开满了大簇大簇的花朵。方丈在瞬间彻悟，可是为时已晚，心灰意冷的浪子又过起了荒唐的生活。

方丈圆寂前对围在身边的弟子们说：“你们要牢记，这世上，没有什么歧途不可以回头，没有什么错误不可以改正。”

真心向善的念头是罕有的奇迹，好像佛桌上开出的花朵。而让奇迹陨灭的往往是一颗冰冷的、不肯原谅、不肯相信的心。

人生很短又很长，在很短的路上要修身，不说恶语，不做恶事；在很长的路上要修心，以恕己之心恕人，怀善念，怀慈悲。

牧 心

天、地、人三者之中，人是与天地共生的灵秀之作。天高云淡，朵朵白云浅舒曼展；地孕华彩，枝枝叶叶碧翠流光。人行其中，是造物主独特的安排，是浩瀚宇宙赐予天地的杰作。

有了人，便有了创造，有了繁衍，有了热闹。

而人有了心，便有别于禽兽。

有了心，便要牧心。不能让这颗心四处游走、飘忽不定、随波逐流。举起沉静的牧鞭，好好呵护这颗心。拂去繁华背后的苍凉，拂去喧嚣背后的尘垢，拂去追逐背后的苦闷，安静下来，倾听心的呼叫，顺遂心之所愿。看想看的，做想做的，爱想爱的，使心澄明，使心顺泰，使心绽放。这样，当我们抵达生命的终点时，才不会守着一颗麻木的、单调的、郁闷的心懊悔不已。

在电视上重睹“六小龄童”的风采，章金莱先生虽然脸上有了皱纹，但是穿着大红色T恤的他依然神采不减当年。

我想，他一定是个善于牧心的人。他的心曾随着时间漂移，演过周恩来、鲁迅、胡适，也演过其他角色，但是真正被人们称道和记住的，仍旧是倾他前半生心血的“孙猴子”。最后，他透过飘荡的迷雾，用一根牧鞭收拢了自己的心：承续“猴”精神，延续“猴”文化，荡去浮尘，将一颗驿动的心安放在宁静的牧原。

我想，这才是本真的“六小龄童”吧，不管他有多老，不管他脸上添有几多沧桑，我们都能从那平静自信的眸子中找到他：不迷物欲，找到自己；不耽名位，只做自己。

人的生命是来自造物主的无尽宝藏，每个生命都是独一无二的存在，每个生命都有自己来到这个世界的绚丽和光彩，给蓬勃的生命提供能量，让自己的心引领自己迎来生命的花开。

现如今“富二代”“拼爹时代”等词屡见不鲜，但是我想，并不是所有的富二代都愿意做“富二代”，并不是所有的富二代都会因“爹硬”而有一个够硬的前途。

这样的痛苦古代也是有的，比如王阳明。世人知道的是他的惊世骇俗：新婚之夜将新娘子放了“鸽子”，去寻僧访道！

难道王阳明是个无欲的怪人？非也！

当面对倾心于他的美丽的贵州女子阿萝的问题“和这朵小花比起来，先生是对我心动，还是对花心动呢？”王阳明毫不犹豫地回答：“我一个大男人，面对这么一个青春靓丽的生命，这么一张花容月貌的面孔，总不能无动于衷，反而去称赞一朵不会说话、也不会聊解我山中寂寞的小花吧！”

可知，王阳明不是熄了人欲的圣人，他逃婚、厌学，是因为他不愿意听从父亲的摆布，身为状元的王华竭力为儿子铺就的锦绣前程、花好月圆伤了王阳明的心。

王阳明有自己的选择，他有自己的思想，他有自己的心事。每个人都不能为另一个人而生存，一个人即使走的是弯路，也是历练，也是财富。

王阳明遵从自己的心，走出了不同于父亲加官晋爵的仕途之路，他把自己的名字以独特的方式高悬在圣贤的星空。

不管有多少财富，不管有多大的神力，不懂得牧放孩子心灵的父母不是称职的父母，人生只有一次，在生命面前，所有的人类都是平等的，不能因为自己给了孩子生命就有权对孩子的心意指手画脚，任何人都不能把自己的心强加于另一颗心，不能用自己的心复制另一颗心，不管这颗高高在上的施舍之心、膨胀之心、自以为是之心、居高临下之心自认为有多么完美。

很欣赏股神巴菲特，他送给儿子的人生礼物是“打造你自己！”他的儿子彼得·巴菲特在美国被称为最棒音乐制片人！

为什么不学学巴菲特呢？孩子，我给你的是港湾，无助的时候可以回来，但是这个港湾不能庇护你到彼岸，大胆地到自己的原野中牧放心愿，我能给你的是祝福，只有祝福！

每个生命都有自己的眼睛，这双眼睛应该看到的是自己想看的世界；每个生命都有自己的心愿，这个心愿不能为了满足别人的心愿而凋零。

生命是如此宝贵，在每一个当下、每一时刻，都让自己保持一种赤子般的情怀，不流连让心厌恶的事，不收留让心负重的事，不咀嚼让心煎熬的事，卸重以轻身，减欲以轻心，做合乎事理之举，做顺应自然之事，赋予生命以超越的色彩，赋予心灵以凝露的晶莹，让生命欢笑，让灵魂舒展，让心愿飞翔！

乐得苦离

辽宁兴城菊花岛（原名觉华岛）在辽金时代曾是远近闻名的佛教圣地，辽代名僧司空大师就曾居住岛上，并在岛上修建了大龙宫寺，大龙宫寺建成后成为辽代的佛教中心，大龙宫寺的住持当时被奉为国师。在佛教界，此岛有“南有普陀山，北有觉华岛”之美誉。

大龙宫寺环境优雅，由大雄宝殿、天王殿、钟楼、鼓楼等建筑组成。寺院里有一株枝繁叶茂的菩提树，粗壮的菩提树挂满了人们祈福的小挂件，为这所寺院增加了得道修行的韵味和禅意。

我还是第一次见到这么生机勃勃的菩提树，传说2500年前佛祖释迦牟尼在菩提树下静坐了七天七夜，战胜了各种邪恶诱惑，在天将拂晓、启明星升起的时候，大彻大悟，终成佛陀。

所以，佛教一直都视菩提树为圣树，印度则定之为国树。

站在圣树前，我双手合十，祈祷菩提树赐我更多智慧，让我顿悟真理，达到超凡脱俗的境界，用自己觉悟的文字造福众生。

菩提树旁边有几间禅房，有位擅长讲法的高僧，高僧的禅房名字叫“乐得苦离”舍，仔细品咂，这名字真有意味。

一

“乐”和“苦”像是一对冤家，得到了“乐”，“苦”自然就离开了。

小学生得了100分的“乐”，繁重作业的“苦”就淡了；高中生得了名校录取通知书的“乐”，浩瀚题海的“苦”就少了；企业家得了亿万身价的“乐”，艰苦创业的“苦”就小了；书生们得了平步青云的“乐”，绞尽脑汁钻营的“苦”就化了……

有了笑容，眼泪就退缩了；有了笑声，伤口就愈合了；有了快乐，痛苦就隐身了。

二

“乐”和“苦”像是阳光与乌云，心里总想着“乐”，“苦”就果断消失了。

东坡一生坎坷，屡次被贬。被贬临皋，穷乡僻壤，家人有了怀乡之忧，东坡则笑曰：“临皋亭下八十数步，便是大江，其半是峨眉雪水，吾饮食沐浴皆取焉，何必归乡哉！”

友人范子丰宅邸阔大，有了炫富之欲，东坡则曰：“江山风月本无长主，闲者便是主人。闻范子丰新第园池，与此(临皋自然风景）孰胜？所不如者，上无两税及助役钱耳！”

他被贬到琼崖海岛，当地无医无药，朝廷小人充分体验着报复之快，他面带微笑、羽扇轻摇：“每念京师无数人丧生于医师之手，予颇自庆幸。”

有了“仍传语，江南父老，时与晒渔蓑”的恬淡之乐，有了“小舟从此逝，江海寄余生”的洒脱之乐，有了“无事以当贵，早寝以当富，安步以当车，晚食以当肉”的自足之乐，还有怎样的苦能让人紧张、愤怒、愁肠百结、抑郁难平、萦绕心怀、拂之不去呢？

可见，“乐”是境界，“乐”是情怀，“乐”是选择，“乐”是心态。

“乐”得“苦”离，是处变不惊的镇定，是善纳万物的胸怀，是自我释怀的诙谐，是看淡得失的成熟，是洞察世事的智慧。拥有心灵的喜悦、思想的快乐，便深得“乐得苦离”的真义。

三

“乐”和“苦”像是包蕴佛家因果缘分的种子，“乐”积善缘可能会收到意料之外的善果；“苦”心谋划反而可能颗粒无收。

以本职为乐、以服务为乐的普通楼管员齐明会，成了大学生最敬重的“版主”；以平凡为乐、以助学为乐的普通洗脚妹刘丽，成为感动中国的“最漂亮洗脚妹”；以奉献为乐、以助人为乐的普通工人郭明义，成了荧屏主角；以付出为乐、以真诚为乐的大陆护工，获得台湾垂暮老人的百万家资……

生活就是这么怪，有“乐”才有“得”，“乐”得越质朴、越本真、越无欲无求，越能得到认可、得到敬重、得到根本就没想过会得到的东西。

好事为什么不落到我头上呢？因为抱怨，因为牢骚，所以可能得到的也失去了。“乐”的人只顾着笑，而忘了怨，所以他得到了；“苦”的人只顾着怨，而忘了乐，所以他失去了。

可能，这世间，最让人心动的是“乐”而不是“苦”吧！

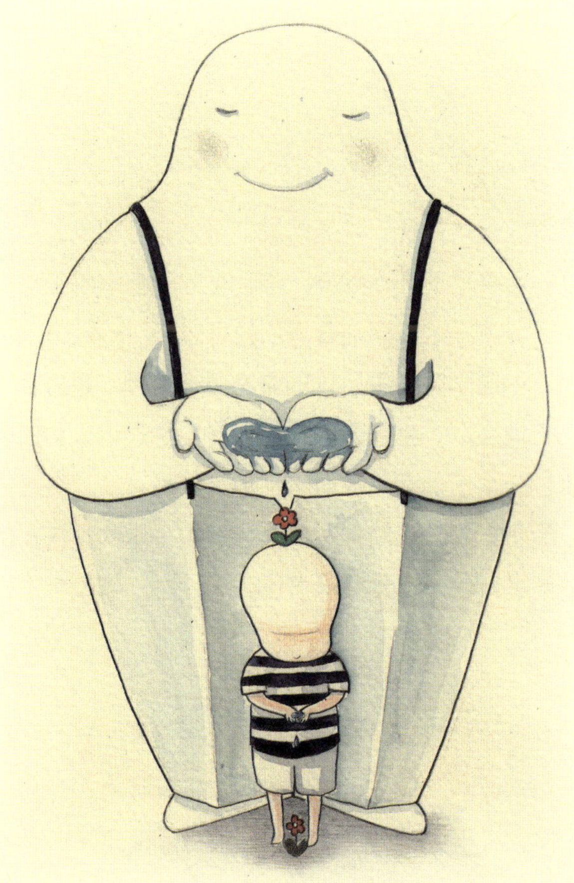

“拿得起”“想得开”“放得下”

“拿得起”是儒家的积极“入世”态度。凡事力争上游，做到最好，力求最优；“想得开”是道家“出世”的消极避世态度。凡事眼不见心不烦，清静无为，修身养性；“入世”与“出世”张弛有度，调剂着人们的思想，平衡着人们的心理。

但正如国学讲堂里所说的儒家“拿得起”是告诉人如何堂堂正正地度过一生，道家“想得开”是告诉人如何轻轻松松地度过一生，佛家“放得下”则为人设计了“终极关怀”之所，标示出超越的精神取向，化解人生中的烦恼，达到精神上的解脱，使人心灵得以净化。

一

“拿得起”是对看不起自己的人说一句：“我得争口气！”比如苏秦。面对父母、嫂子的轻视，苦读兵书，“头悬梁，锥刺股”，终于身配六国相印，亲人跪拜相迎，衣锦还乡。

“拿得起”是面对强势对手，从喉咙里吼出的“你们能，我也能！”比如钱学森。当国家授予他最高科学贡献奖，他没有激动，他说，我最激动的事是“我们也能制造自己的原子弹！我留学的目的就是学到外国人的知识，然后超过他们，使我的同胞过上幸福的生活！”

“拿得起”是别人给我颜色看时，果断地甩给对方一个“NO！”比如钱伟长。当物价飞涨，他的工资只够买两个暖水瓶时，他无奈办签证赴美，在美国大使馆注册时面对最后一个问题：中国和美国打仗的时候，你是否忠于美国？他填了一个“NO！”

二

“想得开”，是对尖锐矛盾的回避，对钩心斗角的不屑。比如嵇康。蔑视司马昭统治，常与向秀在树荫下打铁，不为谋生，只是随从自己的意愿。贵公子钟会前来拜访，带来大批官员，嵇康一见这场面就很反感，没理睬他，只是低头干活，因而钟会深恨嵇康，说他坏话。嵇康性情旷达，依然故我。

“想得开”，是不肯与世同污、与俗同流的操守。比如陶渊明。面对试图篡夺东晋政权的桓玄，他不肯做这个野心家的心腹。在诗中写道：“如何舍此去，遥遥至西荆。”叔父陶逵介绍他任彭泽县令，碰到官吏来访，下属说：“当束带迎之。”他叹道：“我岂能为五斗米向乡里小儿折腰！”从而志归田园。

“想得开”是一种看穿世事的孤独，是一种守护心灵的清醒。比如庄子。庄子拒绝到楚国做高官，宁可像一只乌龟拖着尾巴在泥浆中活着，也不愿让高官厚禄来束缚自己。庄子一生贫困，身居陋巷，自织草鞋穿粗衣，甘愿闲居独处。庄子是一棵孤独的树，是一棵孤独地在深夜看守心灵月亮的树。

三

“放得下”是做过的事就不再想，不自寻烦恼。

一故事讲两个和尚过河，遇到了一个姑娘。一个和尚背着姑娘过河，走了一段路，另一个和尚问：“出家人怎么能背着姑娘过河呢？”背姑娘的和尚答：“我早就把姑娘放下了，都走了几里路了，你怎么还没放下？”

“放得下”是一种看淡生死的潇洒豁达。

据说蔡澜有一次乘坐的飞机突遇险情，众人大惊失色，独有蔡澜仍旧独酌。险情过后，一老外诧异地问他：“你死过吗？”蔡澜答：“不，我活过。”

放下名利，居里夫人让孩子们把奖章当玩具，安心研究；放下争斗，苏轼安然走海南；放下生死，“吾貌虽瘦，必肥天下”的周总理骨灰藏大海。

韩信放不下权位，所以慨叹“飞鸟尽，良弓藏；狡兔死，良狗烹；敌国破，谋臣亡”，被夷灭三族；张良，不但放下了高官厚禄的眼前之患，也放下了隐居避世的暗中隐忧，以仙风道骨、修身养性的彻头彻尾的“放得下”成为高祖手下难得的幸存者。

可见，“拿得起”是魄力，“想得开”是气节，“放得下”是境界。对于穿行世间的凡夫俗子，我们只有“拿得起”才能苦苦撑起一片天，只有“想得开”才不会被生活的重力压垮，只有“放得下”才会自在品咂生命赋予我们的每一个“今天”。

有一种“愚”高不可攀

世间什么样的人让我们难以企及呢？是聪明人吗？

好像不是。否则怎么会有对“聪明反被聪明误”的蒋干、“机关算尽太聪明，反误了卿卿性命”的王熙凤等“聪明人”的讥讽呢？

人常说“大智若愚”，是说小聪明难藏大智慧，真正难以企及的智者恰是那些被聪明人看作很“愚”的人。

传说曾国藩在窗内秉烛苦读，夜深人静反复诵读一篇文章仍不能背诵。一“梁上君子”苦等无奈，实在是熬不住了，现身背诵，一字不差，在曾国藩目瞪口呆之际，这毛贼丢下一句“这种水平读什么书！”扬长而去！

这个小偷很聪明，至少其天赋要比曾国藩高许多，但是他纵有绝顶聪明却沦落为“梁上君子”，不能不让人为之扼腕；而曾国藩这个被小偷小觑的“至愚”之人则被称为中国历史上真正“睁眼看世界”并积极实践的人：建造中国第一艘轮船，建立第一所兵工学堂，第一次翻译印刷西方书籍……成为史上罕有的立功、立德、立言“三不朽”之奇才。

“愚”者的身上有“知其不可而为之”的勇气，有“子子孙孙无穷匮也”的执着，更有面对常人难以忍受的环境一笑置之的气度。

语言文字学家周有光，“文革”期间在乡间劳动改造，同等境遇的知识分子几多抱怨、几多痛苦，颇有看透世事之洞明。问起这段经历，周老则曰：“下乡锻炼那几年治好了我的失眠症，白天劳动，晚上倒头便睡，严重的失眠症不治而愈了，一直到现在都不再失眠！”

可谓“猝然临之而不惊，无故加之而不怒”，谈笑间把这段“苦楚”用幽默的“愚”情一带而过。

钱钟书和杨绛更是一对天赐的“愚”的绝配！“文革”期间，他们被送去干校劳动改造。第一批“大赦”回京的名单中没有钱钟书，也没有杨绛。他们夫妻二人平静地走回窝棚，杨先生说：“给咱们这样一个棚，咱们就住下，行吗？”钱先生不置可否，歪着脑袋，认真地想了想，得出一结论：“没有书！”

夫妻二人把辛酸的境遇“愚”成了一道举重若轻的风景！真是“愚”得可爱，“愚”得心动，“愚”得不得不让人肃然起敬！

“哥德巴赫猜想”第一人、已经荣誉等身的陈景润在数学所、中科院评先会上，总是坐在一角，默不作声，听到有人提到他的名字，他立即站起来，敬个礼，连声说：“谢谢，谢谢！我就免了，免了——”说完，真诚地看大家一眼，目光里流露出恳求之情。

真是“愚”出了水平、“愚”出了境界！

世上聪明人很多，曹植聪明，却不得不写下“七步”断肠诗；杨修聪明，却为曹操刀下鬼；周瑜聪明，却在“既生瑜何生亮”的慨叹中忧愤而死……

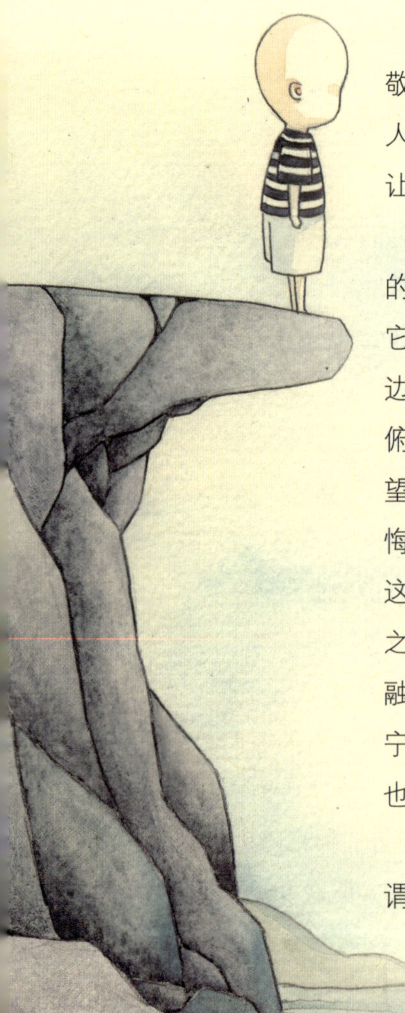

聪明人让人钦佩，“愚”人更让人敬服；聪明人让人惊叹，“愚”人更让人仰视；聪明人让人关注，“愚”人更让人感喟！

有一种“愚”，是聪明人难以企及的大智慧，它内敛，它沉静，它淡泊，它质朴，它以单纯赤子的“愚”铺展无边深邃的“智”，它以天真纯净的“愚”俯视人间得与失。站得高，所以无畏；望得远，所以无怨；无畏无求，无怨无悔，此“愚”无懈可击，无往而不胜。这种融入执着追求的“愚”、融入君子之风的“愚”、融入痴情专注的“愚”、融入忘我境界的“愚”，正如孔子夸赞宁武子所言“其知可及也，其愚不可及也！”

可见，世间大智慧莫如“愚”，可谓 “愚”不可攀也！

退步原来是向前

契此禅师有一首《插秧偈》："手捏青苗种福田，低头便见水中天。六根清净方成稻，退步原来是向前。"

人生无坦途，此路不通就要退步开路。

"侯氏制碱法"创始人侯德榜，获哥伦比亚大学博士学位后，与爱国实业家范旭东合作在中国开设制碱厂，当时的苏尔维法制碱工艺完全被欧美垄断。

此路不通，怎么办？哀求？讨要？咒骂？

侯德榜到柏林考察，欲买下察安法专利，但德、日两国早已暗中勾结，欲置之死地而后快，侯德榜深沉地说："黄头发、绿眼珠的德国人能搞出来，我们黑头发、黑眼珠的人就办不到吗？"

他转赴纽约，改进苏尔维法，创制碱新路。经过 500 多次循环试验，2000 多个样品分析，终于改进了苏尔维法，远离了察安法特点，简化了流程，节省了设备，减少了投资，

将世界的纯碱工业技术推向一个新的高峰。

成功无偶然，此路不通就要退步总结。

“巴黎春天百货”公司创始人杰西，一开始做针线生意，因为销路不畅关门，他总结：“看市场，还要看销路。”后来他开布店，由于他进的货价钱偏高、花样落伍而被迫关门，他总结：“要看销路，还要留意细节。”他用积攒的钱在里约热内卢做大买卖，由于管理不善，相当于花钱买热闹，又被迫关门，他总结：“盯准市场，畅通销路，臻善细节，还要精于管理。”最终，他在巴黎开了一家大型百货商场，生意兴隆、财源滚滚，他的百货公司成为世界上最大的百货公司之一。

世事无定数，此路不通就要退步绕行。

金利来领带的创始人曾宪梓靠一把剪刀创事业。最初他动手缝制低档领带，想靠廉价求发展，谁知产品脱

手难；他转向研究高档领带，用料、款式、制作过程跟从外国买的高档领带比较，行家鉴别不出真伪，他大量制作，结果商店不要杂牌货，拒不进货。他转换思路和一家百货公司协议，只占公司一角，让顾客随便挑，赚的钱和公司分成，就这样他开创性地迈过经销商，直接把产品放进柜台；他不满足于45港元的定价，想出了一个叫得响的名字和独具魅力的商标“金利来”，用三十年的时间，打造出了“金利来，男人的世界”的时尚品牌。

退步是创业者的智慧，也是历练心态的良方。

刚参加工作，难免在心理上有“被怠慢”之忧，细细想来，谁怠慢了你？无论从精力、资质、阅历，你都是最稚嫩的一个，当然要拿你磨炼了。

所以不要端着抱怨的冲锋枪扫射，抱起自己的文件夹退后一步，细细琢磨自己的事情，干出个让领导意外、让同事震惊、让自己心跳！

工作干得有声有色，自己觉得已经是锦上添花、天衣无缝，觉得已经没有进步的余地、发挥的空间，于是仰望锦旗的天空，是不是该有自己的一席之地？一年又一年，红了樱桃绿了芭蕉，那一系列的名单里怎么就没有自己的名字？羡慕嫉妒恨，真想抽烟喝酒打麻将，趁着夜色朦胧冲上前找领导来个尴尬的对视。

不要向前自讨没趣，退一步，接着做好自己该干好的事，力求穷千里之目，力争上更高层楼。

真金不怕火来炼，骏马不畏跑长途。

其实，人处世间，高处不胜寒的不只是你，佛语说："苦海无边，回头是岸。"不要把自己想成在苦海里挣扎的唯一的人，一味向前，对自己苦苦相逼，追不上别人，却会垮了自己。

退步是隐忍，也是反省；是沉静，也是成熟；是痛苦，也是沉淀；是煎熬，也是超越。一往无前的人，虽勇敢，但少了内涵；一帆风顺的人，虽得意，但少了深邃；苦心钻营的人，虽风光，但少了尊严；不择手段的人，虽耀眼，但少了底气。

退一步吧，多一些宽恕和原谅，就会觉得自己是最受宠爱的人；多一些淡定和宁静，就会觉得优秀虽然没印在纸上，但是刻在了别人的心里；多一些舍弃和放下，就会觉得健康、快乐是手里握着的最甜美的果实。

手握青苗不懈怠，一路走来，回首来路，你会发现，生活已然给了你一个不炫目的惊喜：整齐的稻秧，油绿闪亮！

呵呵，不错的，退步原来是向前！

第三章

佛在心中

一炷心香

一位修行多年的心吾和尚，就要到一座新修的寺庙里做住持了，临行前，他向老法师海帆方丈求教："佛海无涯，何日是归期？人生有限，哪天成活佛？"

海帆方丈答道："香火不断，水漫灵山亦通明，天天是归期；风雨飘摇，一炷高香常相伴，即刻成活佛。"

心吾和尚到了新修的寺庙后，便把敬佛上香作为头等大事来抓，他的禅房和卧室里，高香常明，及时续接，片刻都不曾断过香火。即使外出化缘，他也手持高香，从不间断，风雨无阻。

可是，三年五载过后，心吾和尚感到自己的道行并无长进，就又返回往日的故庙，想再次向海帆法师求教。可是，当他手持高香刚刚踏进海帆法师的禅房，海帆法师就端坐圆寂了。一滴清泪悄悄滑下心吾和尚的眼角，正好滴落在他手拿的香火上，哧啦一声，他手里的香火湮灭了。可是，出于敬重和无奈，他又在自己的心底为海帆法师点上另一炷更加旺盛的高香。而且，他马上联想到海帆法师曾经说过的话，意识到——只有心中虔诚的香火才能够“水漫灵山亦通明，一炷高香常相伴”啊！他终于开悟了。

阳光抚慰的笑脸

一位叫乐天的老和尚，每天都乐呵呵的。有个小沙弥感到好奇和羡慕，就寻个机会问乐天和尚："师父，我看你每天都乐呵呵的，太令人眼馋了，有什么诀窍吗？"

"什么诀窍也没有，"乐天和尚笑眯眯地说，"我这张被阳光抚慰过的脸，就像骨朵开花一样，自然而然地就笑了。"

小沙弥就说："阳光怎么不抚慰我呢？我怎么就笑不起来呢？"

"那是因为你没抚慰阳光，"乐天和尚依然笑眯眯地说，"其实，阳光对每个人都是一样的，我经常看到，你的脸上也满是阳光的。"

小和尚就更加迷惑了，不解地说："阳光怎么抚慰呢？"

"珍惜每寸光阴，不虚度每一天，"乐天和尚还是笑眯眯地说，"早晨迎接朝阳的升起，傍晚目送夕阳的余晖，不就抚慰阳光了吗？”

小和尚终于明白了乐天和尚的开导，舒心地笑了。

树树皆菩提

有一位拜香信佛大半生的老太婆，在二十多年前，她从花木市场买了一棵菩提树，栽植在自家的院落里。当时的小树苗，已经长成遮天蔽日的大树了。老太婆把这棵她亲手栽植的菩提树看作自己生命的一部分，她经常既骄傲又虔诚地坐在大树下诵经念佛。

可是，有一天，她家来了一位客人，愣说这棵大树不是菩提树，而是一棵与菩提树长得很相似的糠椴树。老太婆很惊讶也很意外，甚至有些伤心，严重影响了她的情绪和心绪。为了辨明真伪，了却心结，她托人捎信给丛林寺院的天明法师，让他来看看这棵大树究竟是不是菩提树。天明法师很快就带一弟子来到老太婆的家，他见到那棵大树后，马上顶礼膜拜，亲近无比，连声说：菩提树啊，真正的菩提树！我佛荫庇、我佛慈悲！老太婆一听连大法师都说这棵树是真正的菩提树，就深信不疑了。

可是，天明法师刚走出老太婆的家门，他的弟子就悄声说：师父，您不会看走眼吧？那的确不是一棵菩提树，而是一棵椴树啊。天明法师连念阿弥陀佛，悄声对弟子说：那棵椴树对老太婆来说就是菩提树，真真正正的菩提树！菩提本无树，我们所认定的菩提树原本也不叫菩提树，还不是因为释迦牟尼佛祖坐化其下幡然成佛的原因吗？而今，虔诚的老太婆二十年如一日地呵护深爱、坐化成佛的一棵树，不是菩提树，又是什么树呢？

弟子终于明白了法师的一片佛心，讷讷地自语道：人人若菩萨，树树皆菩提。

生命的绿荫

丛林寺院的历代方丈都在自己的寺院里亲手植下一棵树。由于寺院的空闲地方特别有限，到了云路法师做方丈的时候，已基本上没有空地栽植树木了。于是，每年的春天，他都要到附近的山上或道路边，亲手植上几棵自己精心培植的小树。

有一年春天，年迈体弱的云路法师终于病倒了，病入膏肓之际，他居然没有忘记植树的事情。于是，毅然起床，由几个小和尚搀扶着去山坡植树。小和尚们想帮他挖挖树坑什么的，他都不让。年近百岁的老人，双手颤抖、虚汗淋漓地硬是又亲手栽下三棵小树。可是，当他植树之后，刚刚返回寺院就含笑圆寂了。

金乌西坠，山岚炊烟拂拂袅袅。小和尚观望着山水云月，终于舒心地笑了。

寺外也有佛

寺院门外的山道旁，来了一位施茶的男子，还搭起一个非常别致的小凉棚。寺院的方丈有无法师抱着感激之情前来慰问，他问那个中年男子："请问施主，您为何前来施茶？"

"为了还愿，"中年男子谦和礼貌地说，"回顾前二十年，我投身商海，敛财聚金，贪得无厌，主要是从社会上摄取；展望后二十年，我打算走近佛门，路边施茶，回馈众生。"

有无方丈非常感动，双手合十，连声夸曰："若能施茶二十年，德比山高，行比路长，施主方能成佛也。"

转眼就是十年。这一天，施茶的男子步入佛门，拜见老方丈。他带来一卷厚厚的题为《佛门逸事》的书籍（书中的章节，全是十年来施茶过程中，道听途说的有关佛教的抑恶扬善的小故事），欲请老方丈题字作序。老方丈翻阅之后，佛颜大悦，惊羡感叹道："施茶十年，您已立地成佛了！"并提笔写道："山中本无茶，寺外也有佛。"

你也是菩萨

一位异常虔诚的名叫兰香的信女，在积善行德大半生之后，听说信佛之人在某座灵山上可以见到观世音菩萨显像。于是，她跋山涉水来到这座灵山，渴望看看大慈大悲的观世音菩萨。在传说能看到菩萨显灵的山洞里，她独自一人信心十足地端坐着、等待着。可是，等了大半天，别说菩萨了，就连一个人影也没见到。她有些气馁和失望，也有些胆怯，这里毕竟是她非常陌生的深山老林。她打算在天黑之前赶下山去，明天上午再来等待。

谁知，就在她正欲起身离开山洞时，山洞里走进一个穿着非常朴素的女子。那女子看到兰香信女，马上双手合十，嘴里还念念有词地祷告着："观世音菩萨大德，观世音菩萨灵验……"

兰香信女愣怔了好一阵子，才唯唯诺诺地解释说："这位妹妹，你弄错了，我不是观世音菩萨，我只是一个虔诚的信女。”

那女子就满脸喜悦满是真诚地说：“你就是菩萨，你就是菩萨，怎么能说你不是菩萨呢，我看到你非常的幸福和高兴！”

兰香信女赶紧站起身，迎上前去。她终于看清对面女子的面容——她怎么长得和观世音菩萨一模一样呢？兰香信女就惊讶而喜悦地说：“您就是观世音菩萨吧？小女子在下有礼了，我好感动、好幸运啊！”

“我是，我是，”那女子满含笑意地说，“不过，你也是菩萨，兰香菩萨！世上善良诚挚的人们都是菩萨！”

伟大的拥抱

春暖花开的时节，小和尚跟老和尚去山上采药时，在一个陡峭的山坡处，有个游玩的女子突然失足，朝山下滚落，就在生死存亡的千钧一发之际，有些武功功底的小和尚腾挪向前，一把抱住了失落的女子。

站稳脚跟后，他马上松开双臂，尴尬万分。

谁知，得救的女子又一把抱住他，而且是紧紧地搂着、死死地抱住，久久也不松开（可能是吓坏了）。二人被其他人拥至安全地带时，那个得救的女子还不肯松手，把脸埋在小和尚的领口处嘤嘤地啜泣。

后来，当人们问小和尚当时是怎么想的时，他说："我什么也没来得及想。"人们又问老和尚这算不算犯戒时，老和尚非常自豪地说："犯什么戒？这是世界上最伟大的拥抱！"

救命的佛珠

一位轻生寻死的少女，万念俱灰地走向一条湍急的河流。

就在她刚刚涉入河水的浅滩时，一个正好路过的老僧把自己手里的一串念珠果断地抛向河水，并大声喊道："毒蛇，河水里有毒蛇！"

少女也看到了佛珠的"蛇影"，她惊叫一声，转身就往岸上跑。老僧就装出惊讶万分的样子，大声说："不好了，毒蛇追上来了！"她信以为真，不禁大惊失色，一边继续往岸上跑一边连呼救命。

老僧抄起禅杖"痛打毒蛇"时，惊魂未定的少女才发现了他的"骗局"，就嗔怪他说："你这个老和尚！为什么吓唬我？"

老僧说："你再往里走，就永远上不来了！我能看着你不管吗？"

少女就又娇嗔地说：“哪有你这样救人的，快把人家吓死了！”

“我也不会凫水，再说了……”老僧平和而慈祥地说，“我一急，就长了个心眼，想起了手里的佛珠。”

少女就说：“我要是再去投河，你还有什么法子吗？”

“你绝对不会再去投河了，”老僧微微一笑说，“你连佛珠都怕，说明你的心底还有生的希望和期冀，你当时只是气头上，现在完全转过来了，你不仅不会再寻短见，而且会生活得非常幸福和美满，老僧的法眼神着呢！”

少女就有些感激地笑了。

老僧说：“赶紧回家吧，改天，我会到府上讨张笑脸讨碗饭。”

“一言为定，”少女说，“我会准备一锅饭报答你，你真是个活菩萨！”

老僧、老鹰和野兔

一日下午，老僧在寺门外的古树下打坐参禅，静若草垛。一只被老鹰追击的野兔，在慌不择路、无处躲藏之际，居然钻进了老僧的百衲衣里。随即而至的老鹰呖呖嘶鸣着在老僧的四周近距离地盘旋，接着又落在老僧的身上。老僧依然微眯双目，泰然静坐。

直到夕阳落山、天色渐暗，扁毛的老鹰（一到晚上就看不见了）才很不情愿地朝山峰飞去；胆战心惊的野兔也试试量量地钻出来，朝一处山谷跑去。

后来，远远地目睹了这一切的几个小和尚，非常敬佩而好奇地问老僧：“师父为什么不扬手吓走那老鹰，从而救护可怜的野兔呢？您老的静功可真练到家了！”

“物竞天择，适者生存；佛心禅意，处变不惊，”老僧说，“野兔的性命尽管珍贵，老鹰的饥肠同样令人悲吝，没有被吃掉的野兔，就会有被饿死的老鹰。”

弟子们无不心服口服、惊叹唏嘘。

寺院里的蛛网

某年夏天，寺院里墙角处的两棵树木之间出现一张大大的蛛网，很快就有蚊子、苍蝇等飞行物被牢牢地粘在上面。一只腿长腹圆的黑色的大蜘蛛，爬来爬去，享受着现成的“美餐”。

当有一只美丽的蜻蜓也被粘上时，有个小和尚终于看不下去了，他想赶走这只不断杀生的黑蜘蛛，但他在动手之前又拿不定主意了，就去请教老方丈，他向方丈汇报了黑蜘蛛的作为和他本人的想法后，方丈夸奖他说：“你是一个眼明心细的好后生，不过，驱赶蜘蛛这件事，我得亲自观察，并想好后再说。”

三天后，又有一只非常漂亮的蝴蝶粘在蛛网上，身体被黑蜘蛛吃掉了，只剩下两片艳丽的翅膀在蛛网上随风飘动。小和尚又去找老方丈，方丈夸奖他说：“你是一个有悲吝情怀的好后生，不过，关于蜘蛛的事情，我还没有想好，过段时间再说吧。”

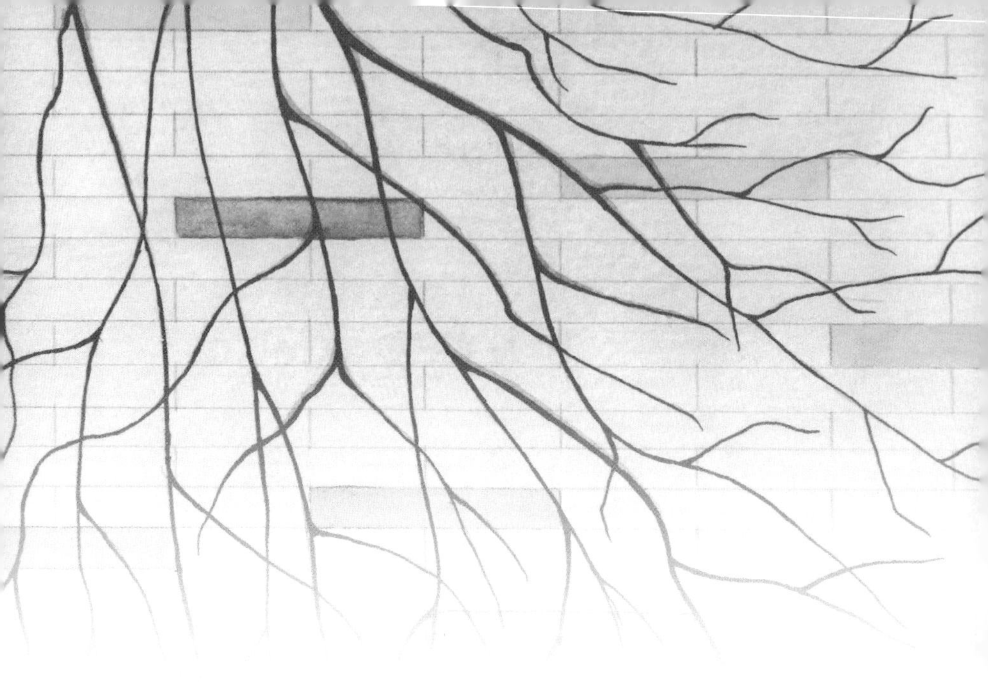

三十天后，不断扩张的蛛网居然粘住一只娇小的蜂鸟，无力挣脱、筋疲力尽之后，也成了黑蜘蛛的“美味大餐”。小和尚又跑去找老方丈，老方丈夸奖他说：“你是一个不轻易放弃自己立场的好后生，不过，关于蜘蛛的事情，我还没有参悟透彻，今后再说吧。”

转眼十年过去了，那个日复一日、年复一年、每到夏天就重新“开业”的黑蜘蛛，还在寺院墙角处的两棵树之间继续“谋生”和“杀生”，而且早已繁衍出一代接一代的蛛氏“家族”。这年的夏末，老方丈即将圆寂时，叫来刚从佛学院进修归来的当年的那个小和尚，语重心长地对他说：“关于黑蜘蛛的事情，我还是没有参透，你就接着参悟吧。”已作为方丈继承人的“小和尚”，心领神会而又不失委婉地说：“您老放心吧，我今生今世参不透，还有后来人呢……”

听到这里，老方丈安详地闭上了双眼。

禅房里的蝈蝈

老方丈的禅房里，有一只蝈蝈经常鸣叫不止。有一天，前来向老方丈讨教的一个小和尚听到了蝈蝈的叫声，就对老方丈说：“清净之地怎容下这小生灵扰乱，我把它捉了放到山上去。”

老方丈就说：“这是我请来的颇具佛性的贵客，它为我伴读、陪我诵经，不分昼夜，永无懈怠，是我的同道、知音和良师益友，哪能捉了去呢？”

小和尚就疑惑地嘟噜道：“小蝈蝈也有佛性吗？”

“当然有佛性了，”老方丈特别认真地说，“事无巨细、物无大小，蝈蝈体躯尽管微小，但耐得寂寞、清音长鸣，它是漫漫长夜的伟大歌手，更是修得道行的虫界的高僧。”

沐浴的麻雀

一个老和尚和一个小和尚在化缘途中路经一条小溪，走着走着，快到小溪时，老和尚忽然停下了，并示意小和尚不要作声——原来，他看到两只小麻雀正在溪水中洗澡。不知过了多长时间，两只浑然不觉的小麻雀洗足洗够，才叽叽喳喳地飞走了。

小和尚就不无抱怨地说，为了两只小麻雀，居然耽误了咱这么长时间，真急人！

老和尚就意味深长地说，世间的生物不分大小，都有它们的生活和享乐。我们出家人要慈悲为怀，爱惜苍生。尤其是在小麻雀们沐浴的时候，它们的心目和意识中肯定蕴含着圣洁康乐的观念。双双着水，幽幽私语，洗尽它们百里飞投、千里奔波的一路征尘。这是多么动人的时刻、多么幸福的情景啊！

方丈杀生

寺院建在名山上，名山是远近闻名的旅游胜地。夏日的一个午后，老方丈再次手托健身球带着两个弟子去寺外散步，忽见一青年女子从不远的草地上飞奔而来，嘴里还喊着“救命啊救命啊”。正在师徒三人感到意外之际，拼命奔跑的女子已经来到师徒三人的跟前。这时，两个弟子都惊得目瞪口呆——女子的身后居然有一条被当地人称为草上飞的毒蛇正紧追不舍！

只有老方丈处变不惊，他连忙招呼那女子：“快转弯、快转弯，转弯就能甩开它！”女子听到老方丈的呼声，真的想转弯。可是，惊慌失措的女子在转弯的瞬间竟然摔倒了。近在咫尺的毒蛇眼看就要咬住她，她吓得脸色发白、惊叫连天。

说时迟，那时快。老方丈未加思索，就把手里的一只健身球猛力甩了出去，不偏不倚正好击中毒蛇的头部。美丽的女子得救了，“草上飞”一命呜呼了。

回寺院的路上，两个弟子问方丈，在特殊情况下，为了救生而杀生，算不算犯戒。老方丈说：“这要看救什么和杀什么，救人危难、扶助众生，是佛家的本分；行侠仗义、铲除邪恶，是另一种超度。”

不要把心儿给丢了

一个小沙弥刚吃完一只山杏，准备把杏核随手丢了时，被老方丈叫住了，老方丈对小沙弥说："果核是树木的心脏，不要随手丢了，要把它播种在适宜的泥土里，唤醒一个涅槃似的再生梦。"

小沙弥就把那个真有些像心脏的杏核深浅适宜地埋在寺院的一个角落。一两个月之后，那颗杏核真的发芽了，长出了一片片心形的叶片。小沙弥感到由衷的喜悦，就跑去告诉老方丈。老方丈听后，脸上也露出了由衷的喜悦，他对小沙弥说："树木的种子可以轮回树木的再生梦，人生的种子也可以涅槃人的梦想和愿望，你知道什么是人生的种子吗？"

小沙弥思忖了片刻，小声说："我认为是人心。"

老方丈满意地点点头，语重心长地说："人心就是生命的种子，把它播种在佛教里，能生成一棵菩提树；把它播种在艺术里，能生成一丛风景林。可是，有不少人，在享受生命的同时，随手就把自己的心儿给丢了……"

流芳百世的露

丛林寺院的万一法师每逢诵戒传戒的特定宗教节日，总是从秘匣中取出一幅装裱精致、古香古色的书法小卷来，非常庄重地悬挂在禅房里。可是，这幅书法小卷上仅仅只有一个字："露"。

有一个小和尚感到好奇，又迟迟参不透其中的奥秘，在一次诵戒仪式结束后，他特意去请教万一法师：您珍藏的书法小卷上为什么只有一个"露"字，这个"露"字究竟蕴涵着什么样的玄妙禅机呢？请师父为弟子开悟。

万一法师喜颜悦色地为小和尚讲述了这幅"露"字的来历：

早在三百多年前，寺院里有一位饱读经书、德高望重的慧开法师。在慧开法师还是小沙弥、还没有正式法号的时候，有一天清晨，他打扫干净院落，准备回房时，金灿灿的朝阳静静地投射到禅房门前的草木上，把草木上的晨露映照得莹光烁烁、珠光宝气的，一下吸引了他的目光。他放下扫帚，欣赏琢磨起那些晶莹圆润的晨露来。

就在这时，寺院里的方丈一明法师静悄悄地来到他的身后，望着晨露、看着他，捻须不语。慧开发现了方丈后，行礼问安，就想走开。方丈却说："不要急着走，给我说说你刚才看到了什么？想到了什么？"慧开就说："看到了阳光下的晨露，想到了露光的短暂、空寂和虚无。"一明法师就说："后生有慧眼慧根，只是开悟得太少太浅了。你想想，一滴晨露若是被风一吹滴进泥土，它就化作绿叶抑或化作红花了；同样一滴晨露，它若被阳光蒸发，便扶摇升腾为云絮，抑或超脱成虹霓了，怎么能说它空寂、虚无呢？"

慧开就若有所思地争辩道："它终归在草木的叶片上、在我的眼前消失了……我刚才还在想，怎么才能真实地挽留住美丽而虚弱的露呢？"

一明法师说："那还不容易，我马上就给你留住几滴晨露，而且长久地、真实地留住。你稍等片刻。"说着一明法师就回到禅房里。

就在慧开愣怔迷惑的当儿，一明法师从禅房里拿来一方有残余墨痕的砚台，并动手将几滴清露抖落在砚台的墨迹上。然后，引领慧开走回禅房，展纸执笔，瞬间写成一个隽永绮丽的"露"字……慧开终于开悟了，并从此有了"慧开"的法号。后来，他就珍藏起这个蕴涵禅机的"露"字墨宝，在他成为法师、做了方丈后，又把"露"字装裱起来，作为秘籍法器甚至是镇刹之宝一代代递传下来。

静然蓬勃的树

寺院里刚剃度不久的一个小沙弥，跟着法师每天坐禅念经，过了半年之后，他感到自己无所长进，更没开悟，就怯生生地问法师："师父，我们天天坐禅，每日诵经，过了大半年了，我怎么没感到自己有什么变化呢？这样下去，我何时才能悟得真经、修得佛性呢？"

法师就说："个人的成长和变化，自己往往是看不到、感觉不到的。你只要全身心地投入了，肯定会有成长和变化的。"

小沙弥就说："我天天坐着，就反反复复念那几段经文，我就担心不会有太大的长进。"

法师指了指门外的一棵大榆树，微笑着对小沙弥说："你看到那棵擎天立地的大榆树了吗，那是我在二十年前埋在土里的一片榆钱，后来它就发芽生根，在原地动也没动地就长成参天大树了。有些事情是不需要运动的，更用不着轰轰烈烈、如火如荼，就像那棵静然蓬勃的树。"

清风是知音

佛曲本来是佛教徒在举行宗教仪式时所歌咏的曲调，可是，乐天和尚几乎达到了曲不离口的程度。无论在寺院里值更，还是到各地化缘，他总是哼哼唧唧地、乐陶陶地唱个不停。从曹植独创的《鱼山呗》到《弥勒佛曲》《如来藏佛曲》《释迦牟尼佛曲》《观音佛曲》……他哼了一契又一契，唱了一曲又一曲。

有一天，一个跟随他化缘的小和尚，终于忍受不住心中的疑惑，就问乐天和尚："师兄，你整天乐颠颠地唱个没完，究竟是唱给谁听呢？"

"当然是唱给佛陀、唱给菩萨听了。"乐天一边哼唱着一边说。

"在寺院里是唱给佛祖、菩萨听，来到乡间野外，也是唱给他们听吗？"小和尚笑嘻嘻地说，"你有时间唱，佛祖和菩萨还不一定有时间听呢！"

“那就唱给自己听。”乐天依然乐呵呵地说。

“拿佛曲唱给自己听，不是有失敬仰吗？”小和尚故意装着严肃的口气说。

“那就唱给清风听，”乐天和尚笑得更舒畅了，手舞足蹈地说，“对了，对了，清风是佛曲的载体，清风是我的知音。”

小和尚就拿他再没办法，而且心服口服了。

洗涤心灵

有一天，化缘回来的小和尚，在禅房门口看到老法师正端坐在阳光下大汗淋漓、泪流满面。小和尚就非常惊讶和不解地走上前去，低声问道："师父，您怎么了？"

"没怎么，我正沐浴、洗涤呢。"老法师心平气和地说。

小和尚就更困惑了，转了几个圈之后，又凑过去问法师："师父，没看到您沐浴、洗涤呀？"

"我是在沐浴、洗涤自己的心灵，你当然看不到了。"老法师静静地说。

小和尚就更好奇了，他想探个究竟，学点见识，就又打破沙锅地问道："怎么为自己的心灵沐浴和洗涤呢？师父能否开导开导弟子？"

老法师就说："点燃一颗感恩戴德之心，在自己的心底煮沸半腔开水，再加入仁义、孝悌，甚至反思、忏悔等几味名贵心结，便可以为心灵药浴了。"

哪个人若能经常性地为自己蒙尘的心灵沐浴和洗涤，这个人的心地就会亮丽如初、圣洁高尚。

智慧的灵泉

寺院建在半山腰，寺院不远处有一挂四季飞流的瀑布，即使在寺院深处、在闭门的禅房里，也能听到哗哗啦啦、潺潺淙淙的瀑布的声音和清韵。瀑布的源头是一眼清冽趵突的山泉，寺里的用水就是从这个山泉汲来的。

有一天，一个小沙弥汲水回来，对山泉的水源百思不得其解，他想：高高的山上都能冒出泉水来，那山下的水井怎么不冒水呢？再说了，山泉上边的山头既不是很大，又没有存水的凹处，这一年四季源源不断的泉水来自什么地方呢？他越想越困惑，就去请教一位高僧。

高僧就取出一个下端有漏孔的竹筒，让小沙弥往里倒水。小沙弥一边倒着，竹筒一边漏着。小沙弥只要一停止倒水，竹筒里的蓄水很快就流干流净了。高僧就在竹筒里盛满细纱，再让小沙弥往里注水。这样一来，不用往竹筒里注多少水，竹筒下端小孔里的细流就淅淅沥沥地流好长时间。

看小沙弥仍然一脸迷惑的样子，高僧就开导说："泉眼上边的山头就好比装满细纱的竹筒，内在的结构不全是坚硬的顽石，有一部分是糠木一样的吸水石，每逢雨雪天气，它就自然而然地吸收保存大量的雨水雪水，为泉水瀑布的形成提供了充足的水源。这既是大自然的神奇，又蕴涵着物种世象的一般常理。"

小沙弥豁然顿悟："多谢师父开导，弟子这次明白的不仅仅是山泉的原理了！不过，我还有一事不明白——师父怎么会有这么一个现成的、钻了漏孔的竹筒呢？"

高僧微微一笑，不无幽婉地对小沙弥说："这是当年，我像你一样，还是小沙弥的时候，汲泉水的路上，也萌生困惑着你刚才提出的同样的问题，就向寺里的一位老法师请教。老法师为解答我的问题、启迪我的智慧，特意制作了这个竹漏。老法师圆寂之后，我就收藏起这个对我来说非同寻常的竹漏，它曾经为我开启了智慧的灵泉……"

心灵的宁静

在泰山的某寺院里，有一位修行颇深的法师，每逢天降大雨，他就要坐到山崖上，栉风沐雨、闭目沉思。越是狂风暴雨，他越是坐得端、挺得正，气定神闲、悠然自得。

有一个新来的徒弟感到好奇，就试探性地问他："师父，你在风雨中，想到了什么？得到了什么？"

"什么也没想，"法师懒洋洋地不无神秘地说，"只是得到了一份心灵的宁静。"

明天的溪水

寺院建在半山腰，寺院的门前有一条常年不息的清冽的小溪。

有一天上午，一个负责做饭的小和尚刚从溪水里汲取了午饭的用水，老方丈就来到了厨房，他向小和尚要一壶昨天的溪水，小和尚愣了一下，就提起昨天烧好的保温瓶。这时，老方丈又说："能给我一壶明天的溪水吗？"小和尚愣怔了一下，庄重而不失幽默地说："明天的溪水还在溪水的上游、在深深的泉眼里，您在这里等着，我到泉眼里去汲，若我明天傍晚还没回来，就是淹死了，您就不用等了，也喝不上明天的溪水了。人的一生，想喝昨天的溪水是非常容易的，只要存上一壶就可以了；要想喝明天的溪水，就得冒险了，甚至会把生命超支进去。"

老和尚就笑了，对小和尚说："昨天你还是做饭的和尚，今天你是谈禅的和尚，明天你就是佛学院的新生了……"

智慧是心灵的花朵

老方丈慧光法师从山下的花市买来一枝鲜花，送给刚刚出家的小沙弥。小沙弥非常惊讶，甚至有些摸不着头脑，他对慧光法师的用意百思不得其解，就怯生生地去请教慧光法师："您送给我的这枝花，有什么讲究或寓意吗？"

"当然有讲究了，"慧光法师莞尔一笑说，"花朵是草木的智慧啊。"

小沙弥还是不明就里，他抱着虚心好学的心态，接着问慧光法师："草木也有智慧吗？"

"当然有了，"慧光法师又莞尔一笑说，"草木的智慧就是它们的花朵，以及花朵散发的馨香……"

小沙弥更是一头雾水了，他左思右想之后，小声嘟噜道："没想到法师这么有雅兴，真是妙语如诗啊！"

慧光法师脸上的笑容马上凝固了，他静静地说："你没想到的还有很多，拿好、保养好这枝花，回房参悟吧。"

小沙弥就疑虑重重地回到自己的禅房里，一会儿拈着这枝鲜艳芬芳的花朵，一会儿又把它插到一个灌满清水的玻璃瓶里。心里琢磨着：这是方丈考察自己的尘心呢，还是别有其他用意？

三天之后，那枝脱离了枝干、根系和泥土的鲜花终于枯萎凋零了，可是，小沙弥还是没想明白法师送花的奥秘所在。他只好硬着头皮再去向慧光法师讨教。

没等小沙弥说话，法师就开门见山地问："你知道那枝花朵为什么那样鲜艳吗？"

"因为土肥苗壮、风调雨顺呗。"小沙弥非常灵敏地说。

慧光法师微微颔首，又接着问道："那枝鲜花呢？"

"它、它枯萎了，"小沙弥难为情地说，"其实，我对待它挺负责的，回去就把它插在了清水瓶里……"

"既然这样，它怎么会枯萎得这么快呢？"法师打断小沙弥的话说。

"还、还不是因为它被人剪下来，脱离了枝干和泥土吗！"小沙弥理直气壮地说。

"那你还有什么不明白的呢？"法师反问道，"难道说，你对一朵花的遭遇和凋零就没有些许的心灵触动？就没有一点儿思想火花？"

小沙弥沉思良久，若有所悟地说："人的智慧就好比心灵的花朵，心灵则是思想火花的慧根……"

第四章

回头是岸

立地成佛

外出化缘的路上，一个小沙弥问一个老和尚："师父，常说立地成佛，究竟怎样才能达到这一境界呢？"

老和尚说："境由心造，心中有佛便是活佛了。"

小沙弥就说："说实在的，我还是不明白，怎么才能立地成佛呢？"

就在这时，师徒二人遇到一伙土匪拦路劫持新娘的婚轿，并一连杀死了几个人。老和尚把手里的木鱼递给小沙弥，二话没说就挺身而出，与歹徒们拼杀起来。待拼杀得天昏地暗，双方都死伤过半，能站着的就只有老和尚和土匪头子时（不算轿里的新娘和路边的小沙弥），土匪头子一边与老僧较量，一边靠近婚轿，准备抢走或杀死可怜的新娘。新娘从轿幔的缝隙里看出了匪头的歹意，走下轿来，意欲逃生。就在这时，穷凶极恶的匪头晃开老僧，持刀朝新娘追去，并很快搂住了她的脖子。可是，性情倔强的新娘，不仅不就范，还顺势咬掉了匪头的一个手指，从而摆脱了匪头的纠缠。气急败坏的匪头挥刀向她刺来，千钧一发之际，快步赶来的老僧用自己的身体挡住了锋利的刺刀，并一掌将匪头的脖颈击断。

当奄奄一息的老僧被沙弥和新娘扶住时，老僧看着小沙弥，微微一笑说："看到了吧，我真的立地成佛了！"

咎由自取

有一个灰头土脸、脏兮兮的流浪汉突然闯进了清净的寺院，他二话不说，抓起供桌上的供果就吃，而且把果皮果核随地乱扔。一个值班的沙弥前去报告方丈，老方丈来到现场，不仅没斥责那个流浪汉，还给他端来稀粥，拿来馒头和咸菜，最后还塞给他一些钱物。

谁知，如此的施舍和礼遇，不仅没唤起该流浪汉的良知和觉醒，反而让他尝到了傍寺院的甜头，从此赖上了该寺院，再也不走了。有几个小和尚看不惯这家伙的德行和做派，想赶他走，被老方丈劝阻了。老方丈还试图劝说其剃度为僧，在这个寺院里修身养性。谁料，被流浪汉一口推辞，还把佛门嘲讽一番。即便如此，老方丈还是原谅了他，让他继续寄生在寺院里。

可是，饥饱无忧之后，这个流浪汉居然混账起来，他对前来烧香拜佛的女施主们胡说八道甚至动手动脚的，严重影响了寺院的正常秩序和清净尊严。有几个老和尚也看不下去了，准备惩罚、驱逐这个无赖之徒。老方丈知道后，对几个摩拳擦掌的老僧说：“如此不可理喻的歹人，犯不着脏咱们的手，自有他的克星。”

果然不出方丈所料，几天后的一个上午，有一位穿戴不凡的夫人前来上香时，被这个流浪汉无理纠缠，大有非礼强暴之势。不料，这位夫人不仅不愠不火、不惊不怕，还眉来眼去、不慌不忙地邀他到寺院外面去。就在这个不知轻重的歹人刚刚走出寺院的大门没多远，那位在前边走着的夫人就倏忽转过身来，从容轻松地从袖间甩出一把锋利的飞镖，正中歹人的咽喉。歹人当场毙命，夫人头也不回地离去（这个夫人原是附近山寨的女寨主）。

老方丈为其念了几句经文，就差人把这个咎由自取的流浪汉埋在山坳里了。

解脱

一个外出化缘的名叫三元的和尚，在回来的路上被蒙面人绑架，双手被死死地捆在身后，双脚也被绑得牢牢的，站都无法站起来。再后来，眼也被蒙上了，嘴也被堵住了，关进一间墙壁湿漉漉的屋子里。他往后一靠，感到自己被扔在了一个墙角处，他气愤、恐怖又万分无奈，甚至感到一种阴森森的死亡的气息。

可是，就在他挣扎了一阵，终于筋疲力尽、彻底绝望时，他听到身边不远处也有挣扎、喘气的声音。于是，他在地上坐着，艰难地朝那个有声音的方向挪去。当他终于接触到另一个同样被绑架的人时，他感到了一种求生的希望。他凭感觉马上挪动得与那人背靠背，然后开始用自己尚能活动的手指寻找那个人手腕上的绳头。经过一番努力，他真的解开了那人手腕上的绳子。那人的双手解脱之后，马上扯掉了他俩的蒙眼条，接着又把三元的双手解开。二人接着解开了各自

的双脚。令二人惊喜和感慨的是，他们二人竟是同一座寺院里的和尚。二人配合默契地打开了房间的后窗，并先后从后窗里爬出去，获得了自由身，跑回了寺院，双双得救了。

当二人惊魂未定地去向老方丈述说他们的遭遇时，老方丈微笑着又不无神秘地说："你们二人在危难之际找到了解脱的途径，祝贺你们俩……明天，就由你们二人去帮助另外两个师弟开悟吧。"说着，方丈把两个头套和四根绳子交给了他们二人。

舍弃

一个小和尚去河里挑水时，没注意，水里带来一只小蝌蚪。他正准备把这个拖着长尾的小蝌蚪放回木筲里，捎到河水里去时，老方丈看到了，就走过来说："放到玻璃瓶里养些天吧，看它有什么变化，然后再放它到河里去不迟。"

小和尚就把小蝌蚪暂且养起来，有时还喂它些馒头粒或者把它从房间里捧到阳光下晒晒什么的，对小蝌蚪非常吝爱。每隔三五天，老方丈还过来看看小蝌蚪的生长情况。大概过了半个月，小蝌蚪的长尾巴明显地短了许多，后腹部位还长出了两只小腿儿；又过了十多天，小蝌蚪的尾巴更短了，嘴巴下边也长出了两只小腿儿。老方丈看看快长成青蛙的小蝌蚪，又看看勤勉饲养它的小和尚，捻须不语。

不知又过了几天，小蝌蚪的尾巴彻底不见了，终于变成了一只绿色的小青蛙。老方丈捧着玻璃瓶看了又看，然后对小和尚说："你可以把它放归大自然了，它终于由原来的蝌

蚪变成青蛙了，阿弥陀佛……”

小和尚又去挑水时，就把小青蛙给放了。回来的路上，他遇到老方丈从山上下来，居然背着一捆树枝。他非常困惑地对方丈说：“您这么大岁数了，为什么还要亲自上山砍柴呢？”

方丈笑笑说：“我不是去砍柴，我是去为小树们超度，树木不如蝌蚪，它们的‘尾巴’不会自行消失的，务必让人动手砍去才行……”

直到这时，小和尚才幡然开悟，一下子抛却了许多烦恼和忧虑，道行猛然长进了许多。

忍 让

一高僧化缘回来，正赶上狂风骤雨、山洪暴发，山下的河道上，通往寺院的唯一的一架独木桥，在飓风和急流中，已是岌岌可危。高僧赶紧走上独木桥，急着回寺院。

就在高僧走到独木桥的三分之一时，独木桥的对面突然走上来一个手持牛耳弯刀、气势汹汹的恶人，他野蛮霸道地摆着手，责令高僧退回去，让他先过。高僧武功盖世、身怀绝技，别说对方拿着牛耳弯刀，就是拿着象牙弯刀他也不怕。可是，高僧毕竟是高僧，他真的咽下这口气，转身往回走去。

不知是天意还是造化，就在高僧刚刚回到原岸，那个恶人刚刚走到独木桥的三分之二时，一个巨浪打来，独木桥轰然倒入急流中，桥和人都不见了踪影。

后来，有村人请高僧去超度一个溺水者，高僧一看，正是那天强行夺路、桥塌落水之人。

有些磕绊是自找的

寺院里的一个小沙弥在化缘时，与一农妇吵了起来，最后发展到动手打人，他扯破了农妇的衣衫，农妇抓破了他的脸。后被赶来的其他和尚劝开，并把小沙弥送回了寺院。

老法师了解情况后，对小沙弥一句教训的话也没有，就张罗着在供品里为那农妇寻找布匹，并亲自带着小沙弥去给农妇赔礼道歉、送布匹。

当然，面对专程来赔不是的师徒二人，农妇也变得知情达理了，她还在老法师面前说都怨她本人，她不该嘲笑辱骂前来化缘的小沙弥的……

回来的时候，天已经黑了。在半路的山坡上，老法师被一块石头绊倒了，腿上也摔得出了血。小沙弥扶起法师后，狠狠地朝地上的石块踢了几脚，还想抱起来摔它。老法师就连念阿弥陀佛，对小沙弥说："石头本来就在原地，它又没动，是我不小心踩上它的，一点也不怪它啊，这次磕绊是我自找的，我理应向石头道歉的……”

小和尚愣怔了一阵，终于明白了师父的开导，自责而歉疚地说：“对不起，师父，是我错了，我今后一定注重个人修养，学会尊重他人、感化他人，不再犯错或少犯错。”

苦读

青山寺的老方丈聚云禅师，可以说是博古通今、学富五车的一代高僧。他每每博览群书、诵读经文时，总是将几片鲜的或干的苦丁菜含在嘴里，一边咀嚼一边诵读经文。

新来的一明和尚发现了高僧的这一习惯后，就怀着一颗好奇之心走进老方丈的禅房，想问个究竟，长点见识。聚云法师一听弟子的来意，就如实相告："嚼苦读书，其实也没什么奥秘所在，我是用来提神和解困的。"

后来，一明和尚也养成了嚼苦读书的习惯，但他嚼的不再是苦丁菜，而是同样苦的有保健功效的芦荟叶。

当我在一个有关芦荟的网站上读到有关一明和尚的简介以及他回忆录性质的文章时，知道一明和尚已经成为著述颇丰、涉猎甚广的大法师。他在一则札记中写道："看来，所谓的'苦读'，不仅仅是一种比喻，也是一种刻苦治学的决心和志趣！"

专 心

一个小沙弥，入寺院以来，诵读经文总是不入心，容易走神，还常常打盹。在老方丈的授意下，寺里专门为他做了一个心形的坐垫，后来又为他做了一个心形的木鱼。

这个原本心猿意马、游神不定的小沙弥就真的安下心来，气定神闲、专心致志了。

后来，当他终于成了高僧、做了法师时，他在一本专著里写道："一个人无论干什么、无论从事什么营生，只有端坐到自己的内心深处，方能心安理得、出神入化，在自己所从事的行当里，建功立业、出类拔萃。"

今年初春，当我在一座名山的古刹里见到这个有些传奇色彩的出家人时，他已是该寺院的方丈。

最亮的星星就是你

一个小和尚跟老和尚打坐参禅，星斗满天的深夜，小和尚低声问老和尚："师父，我听人说，每个人都拥有一颗星星，怎么能知道哪颗星星属于自己呢？"

老和尚沉思片刻，望着窗外的星空说："看到了吧，今天最亮的那颗，就是你的。"

小和尚笑了，讷讷地说："师父，您怎么知道的？"

"我当然知道了，"老和尚认真地说，"因为你今天动脑筋了，思考了。人的思想是生命和灵魂的火花，人一思考，生命和灵魂就灿烂，天上的星星就显现出来。"

小和尚若有所悟地说："看来，人得爱动脑筋，爱思考……"

梨的两种吃法

中秋节，老方丈从供品中挑了两兜梨，分别发给甲、乙两个和尚。他对甲和尚说："这些梨还有些生，放个十天半月的再吃吧。"又对乙和尚说："这些梨在供桌上放了好多天了，不能再放了，赶紧吃了吧。"

结果是，甲和尚的梨放了半个月之后再想吃时，已全部烂掉了；乙和尚的梨，当时就吃了，却生涩难忍。后来当老方丈询问二人梨子的口味时，二人就把各自的情况如实告诉了老方丈。

老方丈对甲和尚说："看来，有些东西是不能久久放置的，哪怕有些生涩，也得及时享用，不然的话，后悔晚矣。"又对乙和尚说："看来，有些东西是急不得的，放置一段时间也许更好些。"

暴雨和泥泞

甲、乙两个小和尚分别到山下的村庄去化斋，天色渐晚，按寺里的戒律，他们在天黑之前必须返回寺院。

谁知，就在他俩从各自的路线往回走，准备返回寺院时，正晴朗的天气忽然飘来黑压压的乌云，接着下起了瓢泼大雨。

甲和尚为了尽早返回寺院，裹紧衣襟，风雨兼程，提前返回了寺院。可是，他的袈裟被大雨淋透了，鞋子也沾满了污泥。

乙和尚则在暴雨突降时躲进了一间小卖部，为了按时返回寺院，他向小卖部的主人借了一把雨伞，讨了两个比较厚实的塑料袋。当他撑着雨伞，脚上缠着塑料袋返回寺院时，甲和尚正像落汤鸡一样在向法师诉苦、表功。法师正想夸奖甲和尚遵守戒律、不畏风雨时，一眼看到随后赶回的衣干鞋净的乙和尚。老法师愣怔了一下，连念阿弥陀佛，马上表扬了乙和尚，并叮嘱甲和尚要向乙和尚学习。

把时间抛在身后

老和尚经常带小和尚到寺院外面的山峰上诵读经文。有一天，小和尚对老和尚说："时间过得真慢呀。"

老和尚就说："你这样试试——上午，你面朝西方坐着读；下午，你面朝东方坐着读。"

小和尚就听了师父的话，背对着太阳诵读经文。渐渐的，他就忽略了时间的快慢。第二天他就对老和尚说："师父真高明，这一转换方向，我就忘记了时光，整个心思都浸在经文里了。"

老和尚就说："无论干什么事情，只有把时光放在身后，才能做到全神贯注，达到一种忘我的境界，也只有这样，才能出成效、出佳绩。"

山腰的风景最好

甲、乙两位德高望重的法师，分别带领佛学院的两批学生去爬佛教圣地——青山。

甲法师带领着学生们经过三个小时的连续攀爬，一鼓作气登上了青山的顶峰。在光秃秃的人迹罕至的山巅上，许多同学迷茫四顾，当然也有不少同学自豪地大喊大叫。

乙法师带领着学生们一边攀爬一边观览沿途的景点，讲解佛教圣地的逸事传说。一个半小时过去了，他们终于攀爬到位于半山腰的济公祠。济公祠建在山腰的风水宝地，这里松柏参天，古藤化龙，碑碣成林，泉冽洞幽。正对着祠门有一眼四季常流的清泉，清泉的上方镌刻着一幅颇有概括性的对联："山色蔼蔼人间胜地，流水潺潺世外洞天。"在这里，同学们陶醉于人文景色、迷恋于古刹新祠，关注佛教风物，拜济公，访老僧，抄文拓片，合影留念，流连忘返。他们在佛门幽洞里参观了一两个小时，没登顶峰就“班师回朝”“满载而归”了。

两支分队返回院校后，先是交流，后又总结（写出各自的见闻和体会）。结果，甲队的同学们不仅交流起来无话可说，就连形成的书面文字也不及乙队的一半。甲队的同学们多是说一些、写一些上山下山的劳累和辛苦；而乙队的同学们则言之有物、滔滔不绝，山光景色、人文陶冶、佛门逸思云集唇际和笔端。

结果，可想而知，半途而归的乙队心满意足而令人羡慕，登上顶峰的甲队却留下不少遗憾。

美丽的鹅卵石

小沙弥跟随法师到山涧去采药，在师徒二人坐下来休息的时候，法师从兜里掏出一粒非常圆滑非常亮丽的鹅卵石。小沙弥羡慕地说："师父的眼力真好，您在哪里捡的呢？又是什么时候捡的呢？我怎么没看见这么美丽的鹅卵石？也没看到你是在什么地方捡的呀？"

法师就说："不是因为我眼力好，而是因为我有这个心。大自然和社会中有许许多多的美丽事物被人们所忽略、所淡忘……要想拥有这些唾手可得的美丽，就得先有一颗敏感的善于发现和识别的慧心。"

小沙弥对法师更加佩服了，他说："难怪师父是受人景仰的高僧，我今天算是领教了，今后一定以师父为榜样，做个有心人。"

就在这时，法师又从兜里掏出一粒更加圆滑更加亮丽的鹅卵石，伸手递给小沙弥，笑呵呵地说："这个送给你了，

做个纪念。”

小沙弥非常感动地说：“多谢师父，不过，我要刚才的那粒就很知足了，哪能掠师父之美呢。”

“每个都是最好的，当你珍惜地攥在手里，心无旁骛、不与别的比较的时候。”法师非常爱惜地握着刚才的那粒鹅卵石，满脸欣喜地接着说，“发现美是一种乐趣，珍惜美则是另一种情趣了。”

小沙弥把手里的鹅卵石攥得紧紧的，感激不尽地说：“师父您放心吧，我要好好珍惜您对我的教诲和您送我的佛物。”

荡漾的水不结冰

有一年深冬，老方丈抽查小沙弥们的修炼、学习情况时，发现一个小沙弥不仅刚学的不会，连原来学的也忘得一干二净了。就嘱咐他要专心用功，勤于治学。谁料，小沙弥说：“我学的时候确实专心了，当时也真的理解、真的会了，可是过不了多久，就淡忘了，我感到自己好像个木头脑袋。”

老方丈就让这个小沙弥跟他来到自己的禅房，还没教导什么就先拿出两个碗来，让小沙弥倒上两个半碗的清水，再把其中的一个碗端到门外的石凳上，另一个则让他端着站到门外去，并嘱咐说，端着的半碗清水要不停地晃动，不要让水停止荡漾。

一上来，小沙弥以为是方丈在惩罚他，诚惶诚恐地站着，晃动着手里的碗，既让碗里的水荡漾，还不能洒出来。后来，当石凳上那个碗里的水结了冰时，他似乎有所开悟了——因为他手中碗里的水由于不停地荡漾而丝毫没有结冰。

草僧

寺院附近的山坡上有一个只有半米深、半米见方的小洞，小洞的口正好朝南，只要是晴天，大半天的时间里，浅浅的洞底都蓄着明媚的阳光。

不知什么时候，风把一些土壤刮进了洞中，又把一些花草的种子也刮了进来，花草的种子便在潮湿的泥土中生根发芽，葳蕤地成长在斜射进来的阳光里。

更奇妙的是，这个小洞既遮风（尤其是遮寒冷的北风）挡雨，又进不来山洪，一年四季都能保持温润潮湿，甚至有冬暖夏凉的奇特现象。于是，里面的花草便常年青葱，就是隆冬季节，也有一些比较耐寒的小野花倔强地装点着它们的山洞。

老方丈就把些随遇而安、立身洞穴的花草称为“草僧”，经常领那些剃度不久的小沙弥们去参观。

自 救

山林失火了，火势蔓延得特别快，几个时辰之后，就会殃及丛林寺院。

丛林寺院的方丈定一法师观看了风势、查看了火情后，一面派人奔赴救火第一线，一面组织僧员抓紧时间将寺院四周的所有草木清除，开辟出五米宽的防火道来。

后来，果然不出定一法师的预料，这场山火最终没能扑灭，把整座山林基本上烧光了，唯独留下了丛林寺院的一片郁绿。

就在周围村庄的人们议论纷纷，说寺院太自私时，定一方丈带领全体僧侣开始了重新绿化荒山的活动，他们首先将寺院里的部分树苗分栽到经山火熏烤过的山岩间的沃土里，又把寺院里所有树木及花草的种子集中起来，撒遍山野的角角落落。就这样，该山野遭受火灾之后的当年，就重新披上了绿装。第二年，就又长起了成片成片的小树林。直到这时，原来对寺院抱有成见的村民们，才渐渐理解了僧人们的做法，佩服起僧人们的高明。

三百年前的树叶

老方丈已到垂暮之年，知道自己的时日不多了，在圆寂之前必须选拔和培养好自己的接班人。他看好了一个得意弟子，并对这个弟子说："你要做好准备，以便继承我的衣钵，弘扬佛门大法。"

谁知该弟子却思想准备不足，流露出一种胆怯和不自信来。

老方丈就从一只秘匣中取出一本厚厚的书典来，递给该弟子。该弟子接过去一翻，厚厚的书典居然全是空白页，不著一字。不过，书的中间却夹着一片树叶，一片普通的杨树的叶子，树叶的中间写着一个"悟"字。

就在该弟子双手捧着树叶发愣时，老方丈庄重地说："这片树叶到我这里已是第四代传人了，它已经有三百多年的历史了。从采集和制作它的先祖开始，每半个月都要特别细致地为它打蜡，打磨烘烤一种上等的白蜡……它就是秘匣中秘典的经典之处，是我们寺院的镇刹之宝。”

该弟子若有所悟地点点头，接受了老方丈的栽培。

他对方丈说：“一片普通的落叶都能变得不同寻常，让人珍惜甚至膜拜，何况一个人呢？请师父放心吧！从今天开始，每半个月，我都会为自己的心灵打磨烘烤一种圣洁的白云……”

易碎的瓷瓶

佛教圣地也不是绝对的片片净土，在红尘滚滚中，也难免沾染世俗的尘埃。尽管戒律森严、三令五申，有些小和尚还是屡屡犯戒。

这一天，刚刚做完日常佛事，僧侣们正要走出禅房时，老方丈定一法师扬手碰落了供台上的一个瓷瓶，瓷瓶摔了个粉碎。众弟子一下愣在那里，不知方丈是失手碰落了瓷瓶，还是故意碰落的。

定一法师非常严肃地扫视一眼众生，语气凝重地说：非常可惜吧？一抔泥土，不知经历了多少工序，经过了多长时间的煅烧，才超脱成珍贵的瓷瓶，被我们摆上神圣的供桌，成为一件高贵圣洁的法器。如果保存好了，它千百年都不会损坏的，甚至可以永远流传下去。可是，扬手之间，它就坠落于地，一文不值了。同样的道理，一个人，尤其是我们敛德修行的僧人们，取得了法号，悟出个境界，不是件容易事！你若不珍惜、不自律，堕落起来与瓷瓶有何不同？

这时，就有几个幡然醒悟的和尚合掌跪地，深表忏悔。

第五章

雨夜聆风

僧人的渡船

菁华寺坐落于半山腰，山下环绕着一条四季清冽的河流，从山外到菁华寺，要么从后面翻山，要么从前面摆渡，因为菁华寺附近的数里之内没有一座桥梁。为此，寺院里专门备置了一条渡船，并每天安排专人负责摆渡。

有一天，寺院里来了一位有钱人，他准备捐款在山下的河流上建一座桥梁。不料，如此善举却被老方丈婉言谢绝了，老方丈说："本寺院香火鼎盛的原因之一，就是因为来本寺院不容易，还得翻山渡河，若在河道上修建了桥梁，本寺院就会失去一个天然的优势，来这里上香拜佛的施主反而会少起来。"

禅房的灯光

适逢战乱，民不聊生，寺院里的香火和供奉也受到严重的影响。僧侣们原来使用的大蜡烛也换成了小蜡烛。有些僧人在夜间诵读经文时，因烛光模糊而有些怨言。

某天夜晚，老方丈召集紧急法会。法会上，整个法堂里就只有一支比发给僧侣们的还要小的蜡烛，豆大的烛火在方丈身前的法台上随风晃动。可是，方丈戴着老花镜精神饱满、容光焕发，念起经文法规来抑扬顿挫，马上带动、感染了众僧们的情绪。法会开得非常圆满，没有因为烛光的暗淡和其他条件的限制而受影响。

更重要的是，那些原先因改用小蜡烛研读热情受到影响的僧侣们，回到自己的禅房或卧室后，忽然感到自己的烛光异常明亮。

快乐的高僧

有一天，大明寺的乐曾和尚去化斋，刚走出寺院的大门没多远，就踩上一脚小孩子拉的脏物。面对如此的倒霉事儿，他却哈哈大笑起来。同行的其他僧人们看着蹊跷，就问他笑什么。他说："我今天肯定走好运，化缘也会非常顺利，因为我刚出门就踩上了软黄金！"他一边说，一边眉开眼笑地跷着脚走进附近的麦田，将脚上的脏物全部磨蹭、抖落在麦田里，嘴里嘟噜着：这可真是软黄金啊！

另一次，乐曾和尚打扫寺院时，树上的一只小鸟拉了一泡稀粪，不偏不倚地正好落在他的光头上。其他的僧人看到了，都非常惊讶地呵斥树上的小鸟。他却乐呵呵地说：天底下这么巧的事情居然落在了我的头上，看来我的这颗光头非同一般，得好好地开发和利用。其他的和尚都被他逗笑了。

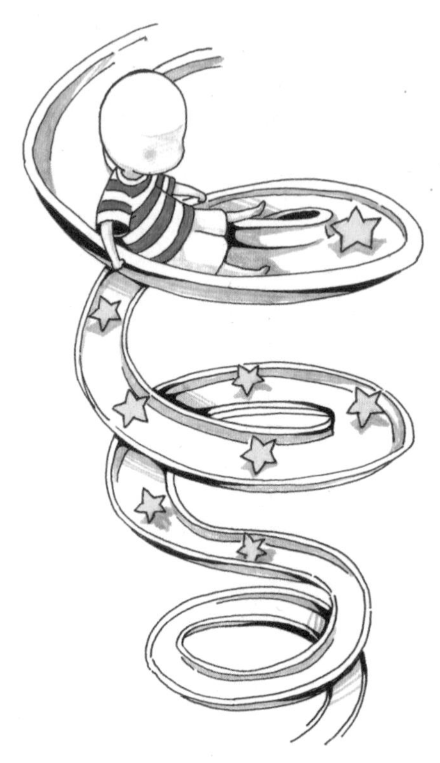

他又仰脸对小鸟说：以后再开这样的玩笑，要在没外人的时候，不然，下次我就腾云驾雾拉你头上。

还有一次，乐曾和尚去外地主持一个大型法会，快赶到地点时天空突然下起了瓢泼大雨。参加法会的人们都暂时离开露天会场，到附近的房屋里避雨去了。只有乐曾和尚迎着暴雨健步走上法台，任凭大雨淋个痛快。不仅如此，他还脱下自己的上衣，拿出一副淋浴的架势，乐陶陶地享受起来。大雨过后，一一赶过来的人们问他为什么不去避雨。他乐呵呵地说：这可是老天专为祝贺咱们的法会馈赠的礼物，是求之不得的天浴啊！

长寿之道

乐天法师100多岁了，身体还特别健康，耳不聋，眼不花，牙齿完好无损，总是红光满面、一副乐呵呵的样子，给人一种气定神闲的感觉。

有一位生命学专家想从法师这里得到长寿的秘诀，就专门来寻访乐天法师。

第一次寻访时，乐天法师说："没有什么秘诀啊，连我也没弄明白，我为何如此长寿的。"

几年过后，生命学专家不甘心，再次拜访乐天法师。

第二次拜访时，乐天法师说："我知道为什么了，但是，天机不可泄露。"

又是几年过去了，乐天法师的身体依然强健，一点也看不出老，就像进入了时光隧道。

生命学专家再次来拜访，他对乐天法师说，他对生命的探讨，不是为了个人，而是为了全人类。

这次，老法师终于说出了他的长寿秘诀，他不无遗憾地说：“我从60多岁就盼着圆寂，视圆寂为佛家的最高境界、最大快乐。可是，我的修行一直不够，一直未能实现早日圆寂的最大夙愿……这，也许就是你要探讨的长寿的秘诀吧！”

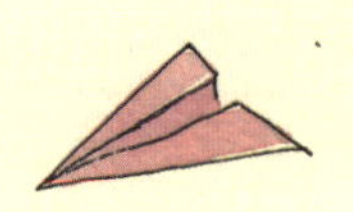

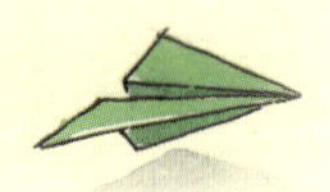

劳动与锻炼

某次法会上，老方丈对寺院里的武僧们说：“锻炼臂力的最好办法就是双臂平提水桶快步走动，这样既可以增强臂力，又可以加强脚步的稳健，提高把握平衡的能力。可是，咱们的寺院里只有四只筲，也就是说，每次锻炼的人数最多两人，我们要顾全大局、相互照顾，轮换着使用那四只仅有的木筲。”

从此之后，寺院里盛生活用水的大缸总是满满当当的。

钻石

小和尚帮老和尚塑佛像，就在佛像快塑好的时候，老和尚自语说，该给佛像放心灵了，并随手在佛像泥胎的心脏部位放上一颗硕大的晶体。然后，就叮嘱小和尚说，这是寺院的镇刹之宝，是一颗天然的钻石，一定要终生严守机密，并要用生命和鲜血去守护、去捍卫它。小和尚连连点头，一副敬畏的模样。

可是，过了不久，当小和尚值更时，在一个月黑风高的深夜，他居然砸碎了佛像，盗走了那颗沉甸甸的钻石。

几年过后，老和尚应邀参加一个佛事典礼。在回来的路上，他遇到一个蓬头垢面的乞丐，觉着眼熟，就走上前去看个究竟，果然不出所料、应了老和尚的法眼——这个乞丐就是当年盗走佛像"心灵"的小和尚。

这时，黄皮寡瘦、弱不禁风的小和尚也认出了师父，马上双膝跪地，叩头如捣蒜，请求师父饶恕他的罪行，把他带回寺院。

老和尚连念阿弥陀佛，问小和尚那颗钻石的下落。小和尚说，那是一颗假钻石，一个铜板都不值，被他随手丢弃了。

老和尚仰天长叹之后，无可奈何地说：“你连佛祖的心灵都敢偷，接着又随手丢弃，你自己的心灵就可想而知了。别说把你带回寺院，就是把你带上如来佛祖的瑶台，你也无法超度了……”

窗前的清风明月

深夜，有一个悲观厌世的男子从家中拨通了某寺院的电话，他向接电话的僧人倾诉了一番自己的苦恼和困惑，僧人也耐心周全地给予开导和安慰。他非常感激和欣慰，就问僧人的法号，准备翌日前去拜见。

僧人说："我是一个值更的和尚，你无须劳顿、无须过来，现在就可以看到我、感受到我的存在和亲近，就这样与我交流好了。"

"那你究竟是谁呢？"男子有些失望地说，"僧人普度众生、慈悲为怀，可是，你为什么不肯见我呢？"

"我是你窗前的清风明月，"僧人朗朗地说，"我一直与你靠得很近，就在你的眼前和身边。"

男子觉着这话挺美，就笑着说："我知道佛家讲究'见山是山，见水是水'的境界，可是，我一凡夫俗子，达不到与清风明月交流的境界啊！"

僧人就说：“你刚才讲的话，证明你不是一般的俗人，你也是今夜的清风明月。”

“我都快成杀手，快成社会的阴云了！”男子激动地说，“我不愿、也不配做清风明月，我对这个肮脏的社会恨透了、烦透了！”

“你刚才握起电话的时候，就是清风明月了，”僧人语气细腻地说，“其实，你不是讨厌整个社会，你是厌恶这个社会上存在的不良风气和丑恶现象，你是恨铁不成钢，你向往着一种更加完善、更加美好的社会风尚和时代精神。”

那男子就说：“你真是活佛啊！真的像清风明月一样，一下就刮进、照进人的心里去，我算服了你了。可是，我不服社会上乌烟瘴气的东西。”

僧人就说：“那就先把自己化作清风明月，化作美好社会风尚和时代精神的表率，去吹动、去朗照、去感化那些乌烟瘴气，潜移默化地把社会阴影和不良风气扭转过来。阴霾和凄风苦雨总会被清风明月替代的……如果每个人都能像你一样有思想有觉悟，又疾恶如仇，整个社会就自然改观了！”

男子开怀大笑，对着话筒说：“多谢开导，我真的有清风明月的感觉了！”

佛陀爷爷

三月中旬的一个星期日，我带五岁的小侄子去东郊春游，他在湖畔的泥土里捡到一尊小石佛，就跑过来非常高兴地说：“叔叔、叔叔，我捡到一个老爷爷，真好看！”

我接过来一看是一尊小石佛，就对孩子说：“这不是老爷爷，是佛陀，你大了就懂了。”小家伙却说：“就是老爷爷么，幼儿园里看门的老爷爷就是这个样子的……”

看来，在儿童们的眼里，是以人为本的，佛和人是没有区别的，也没有宗教和信仰，有的只是看着顺眼、心里喜欢。他把石佛视作珍宝，在清水里洗了又洗，然后用衣袖擦干净，放在我们携带的皮包里。

面对这一情况，我多少有些意外，也萌生一种朦朦胧胧的神秘意识。我算不上佛教徒，只是经常阅读和撰写一些有关佛教的感悟文章，时间一长，对佛教和其他宗教里所蕴含的玄妙哲理多少有些敬畏和膜拜。可是，我怎么就遇不到小石佛呢？即使是一件纯粹的工艺品，不期而然地遇到、捡到，也是一种缘分和机巧吧。现在让未谙世事和法理的孩子捡到并拥有了，我既羡慕又遗憾。小家伙把佛陀称作老爷爷，也够新鲜和另类的。

常言说：“文章本天成，妙手偶得之。”因为春游，因为石佛，因为小侄子对佛陀的称谓，我获得灵感，写出了这篇短文，也是一种意想不到的收获，或说是一种玄妙的因缘吧。

日日是好日

过去，京都南禅寺前，有一位绰号“哭婆”的老婆婆，下雨时哭，天晴时也哭。寺中的和尚就问她：“你为什么每天都哭呢？”老婆婆边哭边说：“我有两个女儿，大女儿嫁给卖鞋的，小女儿嫁给卖伞的。天气好的日子，我就想到小女儿的雨伞一定卖不出去；下雨天，我就想到大女儿，雨天哪会有顾客上门买鞋呢？所以我每天都伤心落泪。”和尚劝她说：“你不要哭了，你想想，天晴时你大女儿的鞋店一定生意兴隆；下雨时你小女儿的伞一定卖得很好。每一天都是好天啊，为什么要哭呢？”老婆婆这么一听，当即破涕为笑。从此，她每天都乐呵呵的，日子过得很快乐。

其实，烦恼皆由心生，并不是因事而起。发生了坏事并不可怕，可怕的是因此而产生的坏的心情。每一种丑的后面都隐藏着一种美，每一种悲伤的后面都有一种快乐。背对太阳，看到的只能是自己的阴影。只要转过身来，面对的就是一个阳光明媚的世界！

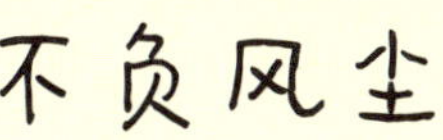

不负风尘

一日，一个小和尚问方丈："师父，真正的佛法是从何处得来的呢？是从浩繁的经卷中，还是从世代的心心相传中？"

老方丈说："都不是。下山去云游吧！"

小和尚在山下红尘之中游历了三个月，返回寺中。方丈问他："去山下云游一次，收获如何？"

小和尚说："唉！山下五浊恶世，处处罪孽，去那种地方寻求佛法真义，真是万万不能的！"

老方丈微笑不语。小和尚从此足不出寺门，于禅房中苦悟经书。这一天，方丈找到他，递给他一粒种子，说："这是我历游天下几十年才寻得的种子，据说能开出世间最洁净最美丽的花。我给寺中每人都发了一粒，你们要好生侍弄，不要浪费了这么珍贵的种子！"

小和尚接过种子，心想世间最洁净最美丽的花一定开在洁净的环境之中。于是他千挑万选了一个花盆，去后山人迹罕至处取了土。用细筛把土细细地筛了一遍，把其中的沙石全滤了出去，他又不厌其烦地拣去那些枯枝败草的碎屑，才把土小心地放进花盆。然后他去前山的灵泉处取水，那水取回来并未马上就用，而是放上一段时间，待水中杂质沉淀得差不多时才浇灌到花盆里。小和尚每天都精心地侍弄这盆花，心想自己如此对它，那花儿想必也不会负我。

数月过去，别的和尚种的花早已发芽拔节，打了骨朵，可小和尚的花盆里一点动静也没有。于是小和尚跑去看别人种的花，发现别人都把花种在后院的花圃里，和那些普通的花花草草长在一处，而且花圃中还施了肮脏的粪肥。小和尚嗤笑了一下，这样肮脏的环境，会开出什么样的花来？珍贵的花应该长得慢，再过些日子，自己要让大家惊讶一番。

又一些日子过去，众僧种的花都开了，争奇斗艳，果然美丽

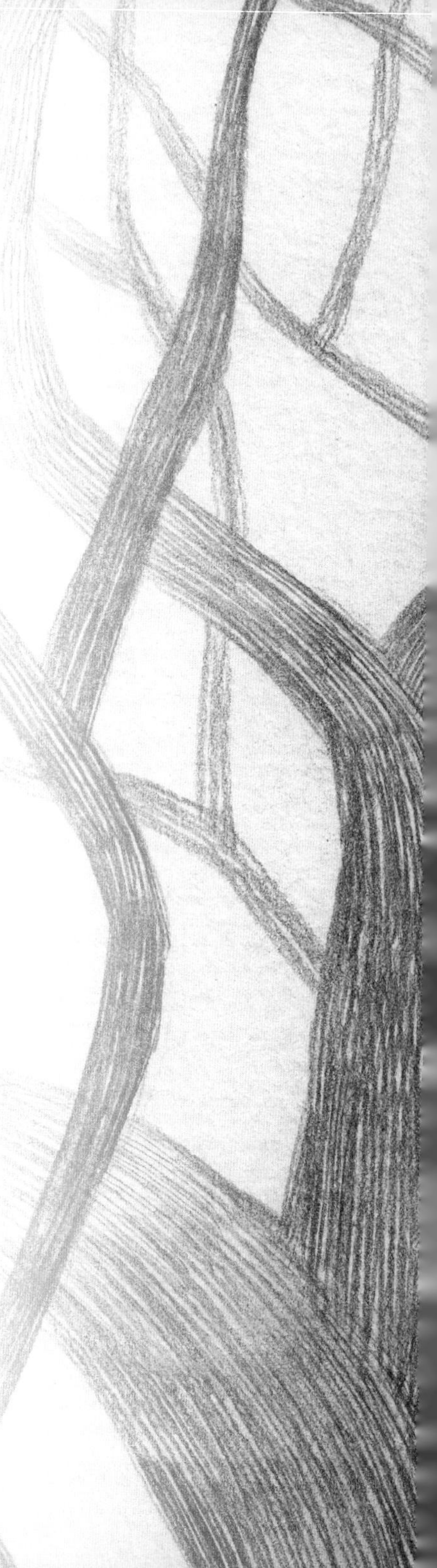

异常，奇香扑鼻。而小和尚的花还是没有发芽，他拨开土，发现那粒种子早就干瘪了。

他在花圃前怔怔地看着那些花，怎么也想不明白自己为什么会失败。

老方丈告诉他："你的花之所以不发芽，正是因为它的生长环境太洁净了！"

小和尚惊诧地问："那样不是更好吗？"

方丈微笑摇头，说："花生长所需要的营养来自泥土和水中的杂质，如果你把那些杂质去除了，花便断了生机。佛法要义隐藏在世间万物之中，不分清浊美丑，离开这些，佛法便如空中楼阁，你永远也不会抓住！"

小和尚听后，恍然大悟。

所有的美好都源于丑陋，所有的富有都来自贫穷。身处恶劣的环境之中，只要把心当成一粒充满生机的种子，那么恶劣的环境就是萌生美好的土壤。

路曲心直

在一座寺中有一个小和尚，他从小就在这里出家了，是寺中的众僧把他养大的。可是，他却为此付出了很大的代价。每天清晨，他要去担水、洒扫，做过早课后要去寺后的市镇上买一天的寺中日常用品。回来后，还要干一些杂活，晚上还要读经到深夜。就这样，在晨钟暮鼓中，十年过去了。

有一天，小和尚和其他小和尚在一起聊天，发现别人过得都很清闲，只有他一天在忙忙碌碌。而且，虽然别的小和尚也下山去购物，但他们去的是寺前的市镇，路途平坦距离也近，买的东西大多也是很轻便的。而十年来方丈一直让他去寺后的市镇，要翻越两座山，道路崎岖难行，肩上还要扛着很重的物品。他带着诸多疑问去找方丈，问："为什么别人都比我自在呢？没有人强迫他们干活读经，而我却要干个不停呢？"方丈只是低吟了一声佛号，微笑不语。

第二天中午，当小和尚扛着一袋小米从后山走来时，发现方丈正站在寺的后门旁等着他。方丈把他带到寺的前门，坐在那里闭目不语，小和尚不明所以，便侍立在一旁。日已偏西，前面山路上出现了几个小和尚的身影，当他们看到方丈时，一下愣住了。方丈问那几个小和尚：“我一大早让你们去买盐，路这么近，又这么平坦，怎么回来得这么晚呢？”几个小和尚面面相觑，说：“方丈，我们说说笑笑，看看风景，就到这个时候了，十年了，每天都是这样的啊！”

方丈又问身旁侍立的小和尚：“寺后的市镇那么远，翻山越岭，山路崎岖，你又扛了那么重的东西，为什么回来得那么早呢？”小和尚说：“我每天在路上都想着早去早回，由于肩上的东西重，我才更小心去走，所以反而走得稳走得快，十年了，我已养成了习惯，心里只有目标，没有道路了！”

方丈闻言大笑，说：“道路平坦了，心反而不在目标上了。只有在坎坷的路上行走，才能磨炼一个人的心志啊！”

几个月后，寺里忽然严格考核众僧，从体力到毅力，从经书到悟性，面面俱到。小和尚由于十年的磨炼，加上一直参经悟佛，所以在众僧中脱颖而出。他被选拔出来去完成一项特殊的使命，在众僧钦羡的目光中，他坚毅地走出了寺门。

这个和尚就是后来著名的玄奘法师。在西去的途中，虽水阻山隔、艰险重重，他的心一直闪耀着执着之光。

道路曲折坎坷并不是通向目标的最大障碍，一个人的心才是成败的关键。只要心中的灯火不灭，即使道路再崎岖难行，前途也是一片光明！

你的伤好了吗

小和尚刚入寺的时候，方丈叫他每日做些出力的活儿。他很勤快，所以把分派的活干得很认真。

一天，方丈让他去磨柴刀，他拿了那些刀，在院子里的大磨石旁磨了起来。刀一把把地锋利了，当磨到最后一把柴刀时，一不小心，小和尚的手被划了一个口子，血流了出来。他小心翼翼地磨完最后一把刀，便回去复命了。

过了几天，方丈又让他去磨柴刀。小和尚磨着磨着，虽然非常小心，可是越怕越出事，他的手又被柴刀划了一个口子。从那以后，他每次磨刀都要受伤，不管怎样小心，都不能避免。

一次他正在磨刀，方丈来了。这时他的手已被划破了一处。方丈看着他磨完一把柴刀，对他说："你的手受伤了，回去养好伤再来磨吧！"

几天后，小和尚找到方丈，说：“我的手好了！”方丈一听，说：“再去磨柴刀吧！”于是方丈和小和尚来到大磨石前，小和尚拿起一把柴刀便磨了起来，刚磨了几下，方丈说：“你的伤还没有好，等好了再来磨吧！”小和尚一愣，心想伤已经好了呀。可是不敢违背方丈的话，便回去了。

又过了几天，小和尚再次找到方丈，说：“这回真的好了！”于是他们又来到磨石前，刚磨了几下 ，方丈说：“你的伤还是没有好，过两天再来磨吧！”说完转身走了，小和尚一头雾水地站在那里。

这以后，每次总是小和尚刚磨了几下柴刀，方丈便要他回去养伤。终于有一天，小和尚忍不住了，找到方丈，把双手伸到他面前，问：“方丈，你看我的两手一点伤也没有啊！为什么你总是每次要我去养伤呢？”方丈微笑着问：“你的伤真的好了吗？”小和尚点头说：“真的好了！”老和尚说：“那好，我再去看看你磨刀！”

小和尚刚磨了几下，方丈皱着眉说：“你的伤根本没有好嘛！”小和尚愣愣的不知所以。方丈问：“你第一次磨刀时是这样吗？”小和尚想了想，说：“不是！我刚开始来磨刀时比现在快多了，而且很熟练！”方丈问：“那为什么现在不那样了呢？”小和尚说：“自从手被割破后，我便总是小心翼翼的，放不开手脚，越害怕越受伤！”方丈呵呵笑了，说：“看，我说你的伤没好吧！”小和尚忽然明白了。

从那以后，小和尚高高兴兴地磨刀，又快又熟练，因为他明白，不能让伤痕永久地留在心里！

以小见大

法定禅师是一个深谙佛法的法师，据说他的法力无边，可以把自己变得极其高大。许多人都亲眼见过他把自己变成巨人，于是信服得五体投地。

有两个僧人闻说此事，展开了一场争论。僧甲说："我对此深信不疑。许多同伴都亲眼见过，当真是厉害呢！"僧乙说："我认为不太可能！一个人怎么能平白地将自己变大呢？就算再精通佛法，这也是办不到的。"于是两人决定亲自去看个究竟。

在竹林寺的禅房里，法定接见了二僧。他问："你们是想见识我把自己变大的法力吧？"二僧点头。法定说："好吧！我分别给你们演示一下！"于是僧乙先退出门去。法定问僧甲："你相信我能变大吗？"僧甲热切地说："我信！我早就想见识一下了。"法定说："你闭上眼睛！"僧甲虔诚地闭上眼。过了一会儿，他睁开眼睛，立刻惊呆了！法定果然变得巨大无比，而且，不但法定，就连他禅房里的一切也都变大了，他发现自己还没有那把椅子高！法定微笑着冲他挥手，说：“去吧！”僧甲跪地叩了个头，爬出了高大的门槛。

僧乙进了禅房。他仔细打量了一下法定，发现他个头还没有自己高。法定问他：“你相信我能变大吗？”僧乙说：“弟子不信，一个人怎么能凭空就变大了呢？”法定微笑着说：“你闭上眼睛！”僧乙闭了眼。过了一会儿，他睁开眼睛，一切如故，法定就站在自己面前，依然没有自己高。正疑惑间，法定问他：“我变大了吗？”僧乙摇摇头。法定说：“去把你的同伴叫进来！”

法定问僧甲：“你刚才确实看见我变大了吗？”僧甲点头说：“是啊，而且这屋子里的东西都变大了，真是太神奇了！”法定又问僧乙：“那你刚才又见到了什么呢？”僧乙说：“我见到的和现在一样，一切都还是原样。”僧甲迷惑不解。

法定笑着说：“我其实真的没有变化，只不过是把你们内心的想法放大了而已。见到我变大的人，内心深处根本就对此深信不疑，他们来只是想见识一下，并没有一丝一毫的怀疑。他们之所以看见我变得高大无比，是因为他们把自己看得太小了，这就像伏在地上看我，我当然是高大的了。其实不是我变大了，而是他们变小了。而见到我没有变化的人，是抱着怀疑的态度，在心理上和我是平等的，自己没有把自己变小，我在他们眼里当然也不会变大了！”

二僧闻言，恍然大悟。

有时候，我们觉得某些人高不可攀，那是因为我们在跪着看他们。同样，有时候我们觉得某些困难挫折事大如天，也只是因为我们伏在地上而已。

烦恼的根源

一

方丈带领群僧在大殿内打坐参禅，一时一片寂静。有一个小和尚正在打坐，一只蚊子飞了过来，在他额头上叮了一个包后飞走了。小和尚感觉奇痒，又不敢动，偷眼四望，见别人都没有被蚊子咬，神态舒适安详，心里更是气愤，更无心打坐了。

这一切都被方丈看在眼里，方丈对身旁的一个和尚说："去，把殿门打开！"殿门打开了，一大群蚊子飞了进来，纷纷扑向众僧。一时间每个人都被蚊子咬了，连方丈也未能幸免。

最先被蚊子咬的那个小和尚一见，众人都被蚊子咬了，和自己现在一样，心中的怨气立刻消了，连被蚊子咬过的地方也似乎不怎么痒了。于是又心平气和地打坐了。

众僧打过坐，方丈问这个小和尚："大家都被蚊子咬过之后，你心里是不是就舒服多了？”小和尚点头说：“是啊，方丈，您是怎么知道的呢？”方丈说：“世间的烦恼皆来自差别，没有了差别，烦恼也就不复存在。”众僧点头称是。方丈接着说：“可是，要想消除世间的千差万别是不可能的。那么，是不是众生的烦恼就永远无法消除了呢？”众僧一听都皱起眉头，心想方丈说得有理，不禁都表现出担忧的神情。

方丈扫视了一眼众僧，接着说：“其实这些差别也可消除，那就是用心。就像要置身于大殿之外，大殿自己无法走动，而人却可以走动。所以，只需调整自己的心态就可以了！”

众僧闻言，有的微笑，有的沉思，有的茫然。

只要消除心中的沟沟壑壑，世间万物便是大同，那么烦恼便也不复存在了。

二

小沙弥和老禅师一起坐在山下的小河边垂钓。本来出家人慈悲为怀，不去杀伤万物生灵，可是由于小沙弥近日来诸事不顺，以致烦恼丛生。老禅师为了让他散心，不惜破戒而带他下山钓鱼。

第一天，两人谁也没有钓到鱼，小沙弥只是略有些失望。次日，两人又去河边钓鱼，河水清静无波，只是这一日两人依然没有收获。第三天还是如此，小沙弥已经习惯了这种钓不到鱼的结果，心里连那一点点失望也没有了。

第四天，两人来到河边，架好鱼竿，等着鱼儿上钩。可是一天即将过去，水面上的鱼漂还是纹丝不动。小沙弥想，这一天又要空手而归了。就在这时，小沙弥忽觉手中鱼竿一

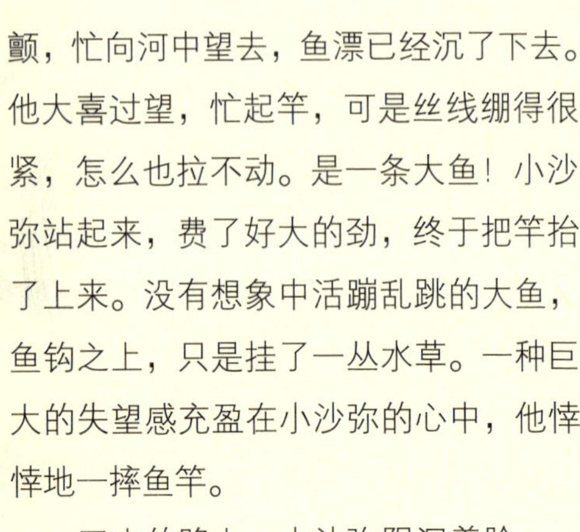

颤，忙向河中望去，鱼漂已经沉了下去。他大喜过望，忙起竿，可是丝线绷得很紧，怎么也拉不动。是一条大鱼！小沙弥站起来，费了好大的劲，终于把竿抬了上来。没有想象中活蹦乱跳的大鱼，鱼钩之上，只是挂了一丛水草。一种巨大的失望感充盈在小沙弥的心中，他悻悻地一摔鱼竿。

回去的路上，小沙弥阴沉着脸，一言不发。老禅师问他："咦？你好像很不高兴啊！"小沙弥说："我以为钓上来一条大鱼呢！谁知却是水草，能高兴得起来吗？"老禅师又问："前几天我们也是这样空手而回，你都是很平静的心情，今天和前几天的结果一样，怎么就不平静了呢？"

小沙弥闻言一愣，深觉老禅师说得有理，可是问题出在哪儿呢？老禅师说："平常的失败我们都能接受并习惯，而接近于成功的失败，却常常让人耿耿于怀啊！所以，不论过程还是结果，我们都应以平常心贯穿始终，如此，才能避免许多不必要的烦恼！"

小沙弥恍然大悟。他的脚步变得轻快起来，连日来的烦恼也一扫而空。

心的深浅与远近

一

由于多日无雨，阳光猛烈，寺院中的一个池塘干涸了。那池塘本是用来放生的，池中之鱼早在水干前便被放到山下河里去了。寺中众僧也因天气的关系而心浮气躁，连诵经参禅也生出些许懈怠之心来。只有几个大弟子还和平日一样，修身养性，持经诵佛，以期早日参悟。

一日，天色转阴，浓云密布。众僧喜形于色，终于要下雨了。果然，中午时雨便下来了，时大时小，一直到次日中午，雨才住了。院子里积满了水，放生池中也是满盈盈的，在阳光下闪着亮亮的光。

众僧手持扫帚准备扫水，方丈从禅房里出来了。他看见院中的坑坑洼洼里全是水，对众僧说：“看看这些积水，你们有何想法？”众僧议论纷纷，方丈只是微笑摇头。这时，一个大弟子说：“水把院子里的沟壑都填平了，没有了分别。

就像佛法填满人心，便也没有了分别，就没有烦恼了。”

方丈微微点头，说：“那在下雨之前呢？”大弟子一下怔住，不知从何说起。

方丈说：“有水的时候，小坑小洼满了，放生池满了，山下的小河也满了，没有了分别，于是无法看出它们的深浅。只有在干枯的时候，孰深孰浅才能一目了然。在同样的生活外表下，众生看似一致，然根器品行却有着千差万别。只有剥去涵盖在他们身上的那层外衣，才能把他们看清楚！”

众僧闻言，悟者微笑，未悟者茫然。

想看江河的深浅，要在水干的时候；想看人心的深浅，要在受挫折之时。只有在最艰难的境遇之中，才能显露出一个人真正的深度。

二

老和尚带小和尚去很远的一个寺院，小和尚是第一次出远门，一路上他见山喜山，见水乐水，觉得一切都是那么美好。而老和尚却浑然不见这一切似的，只是向前赶路。

走路过桥、跋山涉水，一路上风尘仆仆。老和尚神态自若，小和尚也不觉疲累，觉得途中有看不完的美景。他有些好奇地问老和尚：“师父，您怎么不欣赏一下这些美景呢？”老和尚说：“见路走路，遇桥过桥，路归路，桥归桥，都是匆匆而过的，我们的目标是远方的那座寺院。”小和尚还是不理解。

前面忽然出现一片美景，比之先前路上所见不知美上多少倍，小和尚又陶醉其中。一条大河阻住去路，老和尚对正在回头留恋张望的小和尚说："过河了！"岸上有一条渡船，上了船，艄公撑船而行，小和尚站在船尾，仍向那片风景遥望。

上了岸继续赶路，小和尚还在回味。忽然，老和尚在他耳边说："过河了！"小和尚一惊，忙抬头一看，面前并没有河流。他不解地望着老和尚，老和尚说："刚才那条河你还没有过来啊！"小和尚答道："我已经过来了呀！"老和尚说："你的人是过来了，可你的心并没有过来，你还在想着河对岸的景色。心不在目标上，即使肉体达到了目的地，也不会有真正的收获！"

小和尚恍然大悟，开始专心走路，并想着到了那个寺院该向那个著名的禅师请教些什么。见他如此，老和尚会心地笑了。

让心先到对岸去，便没有过不去的河。

“我”和“找”

静一禅师有写日志的习惯，而且他写的日志不是私人札记之类的日记，而是有关禅院的公开杂志。

既然是公开杂志，众僧就有翻阅的机会和学习的机会。后来，就有比丘和小沙弥们私下议论说：“老禅师是眼神不好了还是其他什么原因，他怎么总是把‘我’字写成少一撇的‘找’呢？”针对这一字之差，僧人们众说纷纭、议论纷纷。又都不敢亲自去问个究竟，万一是老禅师的笔误，岂不尴尬。

终于有一天，有居士上山来，请老禅师书写一副对联，对联上正巧有“我佛慈悲”四个字，再具体说，对联上正巧有“我”这个字。有僧人就私下嘀咕了：“这回可以看看老禅师是怎么书写这个‘我’字的了……”

禅院里，红宣摊开，笔墨摆好，就等老禅师挥毫泼墨了。这时，老禅师拄着禅杖来到摆好笔墨的案几前，放下禅杖，

握起斗笔。他老人家挥毫泼墨，书写的第一行字，就是“我佛慈悲”……而且，七画的“我”字，他写得规则完满，一画不少，众僧关注的第一笔的那一撇，他老人家写得浓墨重彩、清晰凝重。这样一来，本来就有些困惑的众僧，就更困惑了——老禅师在日志中将“我”写成“找”不是笔误啊！那么，又是为什么呢？

带着这个疑问，有两个比丘在为老禅师送一本新笔记本时借机问老禅师：“师父啊，我们发现原来的笔记本上，您写的那个‘我’字少了一撇啊！”

“哪有‘我’啊，我没见过‘我’啊，我写过‘我’吗？”老禅师心平气和地问两个比丘。

两个比丘更是一头雾水了，他们想，是不是老禅师年岁过大，糊涂了啊？其中的一个比丘，实在是憋不住了，就把原来的笔记本，也就是老禅师写过的日志拿过来，找到老禅师把“我”写成“找”的那页，指给老禅师看：“师父啊，您看看……”

不料，老禅师看都没看就说：“呵呵，你俩说的这个啊，那就应该是‘找’字，而不是‘我’字，我找了大半生，至今没有找到我、找到自我啊！”

两个比丘面面相觑，如醍醐灌顶，赶紧对老禅师说：“师父啊，我们懂了，不对，不是‘我们’是‘找们’，徒儿也得去找了……”

第六章

怨也是缘

还你一窗明月

释契禅师化缘归来时，已是深夜，当他经过一个村头的一家住户时，忽然听到屋内有个男子在哭泣，哭得特别伤心。释契禅师就敲起那扇门，可是任凭禅师怎么敲，里面就是没有反应。禅师感到不妙，就用力去推门，里面牢牢地插上了，怎么也推不开。再推窗户，也牢牢地从里面插上了。释契禅师灵机一动，大声对里面的人说："请施主开门，老衲借点东西，急着用啊！"

里面哭泣的男子终于回话了，他非常哀伤非常气馁地说："我已是家破人亡，什么都没有了，你到别处借去吧。"

释契禅师说："你有，我分明看到了。你就借我一用吧，救人一命胜造七级浮屠。我急着用啊，不然，没法赶路。"

哭泣的男子勉强地打开屋门，不耐烦而又真诚地对释契禅师说："你进来看看吧，我家徒有四壁、一贫如洗。我父母相继病故之后，我妻子又患病西归，我已经走投无路了，正想随父母、妻子而去呢，你可真会找人家借东西。”

释契禅师说：“我当然会找人家啦，我不会看错人家的，你就要否极泰来、重振家业了！”他说着伸手打开主人紧闭的窗扇。

这时，明月当空、微风习习，一帘银白的月色透过窗口照进屋来。释契禅师走到窗内的月光下，和颜悦色地对那个男子说：“家有不幸时，总得有人挺着，你再寻了短见，连给逝者扫墓的人都没了，那哪成呢，谁说你一无所有了？你看这半屋的月色！我借你一窗月色，还得赶路，你好自为之吧。”

哭泣的男子似有所悟，马上作揖行礼道：“谢谢活佛开示，我还真得生活下去。”

释契禅师终于放心地走了，飘然消失在无边的月色里。

几年之后，那个曾经遭受不幸的男子，经过一番刻苦努力，真的重振家业，发家致富并续了家室。后妻聪明贤惠，勤劳节俭，还为他生了个胖儿子。而这一切，有心的男子一直感念着释契禅师当年的开导和挽救，他与老禅师成了莫逆之交。

可是，随着家业的扩大，该男子的野心也越来越大，一念之差，他终于在生意场上翻了跟头，蹲了班房。当该男子的妻子受他的嘱咐前去寻找释契禅师时，老禅师已是风烛残年、奄奄一息了。听了那夫人的诉说，老禅师语重心长地说：“他当年遇如此大难都能自救，如今不慎失足更能重获新生。我正好欠他一窗明月，你赶紧给他捎回去吧……”说罢，老禅师就安详圆寂了。

被僧人诬陷的女子

狂风骤雨过后，山洪暴发，河流湍急，一座木桥被拦腰冲断，就在人们为惊涛骇浪而惊悸时，一位披头散发的女子冲出村头，径直走上那座断桥——很显然，她是来投河自尽的。可是，当人们转过神来时，她已经跑上那截断桥了。在桥头上观看洪水的人们，大多是这位女子的左邻右舍，他们也知道她是为了吃喝嫖赌的丈夫而赌气轻生的。但是，他们不知道如何拯救她。有的急呼她的名字，有的说你为了孩子也不能死，有的被吓得目瞪口呆说不出话来……他们知道，在那个已经断裂的岌岌可危的小木桥上，若是硬去追她，无异于把她更快地逼入河道。

就在那女子头也不回地走向木桥的断裂处，准备纵身跳入急流的危急时刻，一位路过的僧人，紧走两步，大声喊道："你这个女贼，你这个偷吃供果的女贼，我终于找到你了，你就是跳到河里，我也能认出你来！"

人们一下子都愣住了。奇怪的是，那个正准备跳河的女子也愣住了，她立即转过身来，把蒙在脸上的长发往后一甩，怒目圆睁地注视着僧人，歇斯底里地吼道："你这个和尚！你在胡说什么？！"

和尚也不示弱，把刚才说过的话，又大声地复述了一遍。

那女子听后，气得浑身战栗，怒不可遏，指手画脚地朝僧人走来。僧人一边往后退一边嘟噜着什么。就在女子咄咄逼人地走近僧人，她的邻居们也都纷纷围观过来时，僧人紧绷的脸上终于出现欣慰的笑意，他朝周围的人们大声说道："你们还不快点救她，还等什么？！"

直到这时，人们才幡然醒悟，明白了僧人"诬陷"跳河女子的真正意图，赶紧拉住那个因上当而暂时脱离险境的女子。

再后来，僧人跟随那个女子来到她的家中，对她的丈夫进行了规劝、开导和超度，使之悬崖勒马、迷途识返。夫妻二人千恩万谢，并双双做了僧人的俗家弟子。

多了一个字

了空禅师受虚静居士的邀请，去居士的家中做客、品茶。了空禅师就座之后，品了几口清茶，再不言语，静静地端坐着。虚静居士好奇地问了空禅师："你怎么不说话呢？在品茶吗？"

"在赏画、品诗。"了空禅师轻声说。

原来，虚静居士书房的墙上挂着一幅画，是根据王之焕的《登鹳雀楼》创作的诗意画。画面上，夕阳依山，黄河奔流，云雾飘渺，古楼参差，真是诗意昂然、妙趣横生。画面的空白处，题着登高望远的四句名诗，诗情画意相得益彰。

又满过一轮茶之后，看了空禅师依然沉浸在那幅画的意境中，虚静居士就问他："禅师还在赏画吗？这是一个朋友送我的，你若喜欢就转赠给你了。"

"有你这句话，这画就是我的了。"了空禅师慢条斯理地说，“不过呢，诗情画意我接受了，这幅画就留在你这里，挂在原处吧……”

“那叫馈赠吗？你不要见外，这画我一会摘下来，你走时带走。”虚静居士真诚地说。

“怎么不是馈赠？你说赠予我的时候，我已经把它挂在我的心壁上了……”了空禅师微微一笑说。

虚静居士若有所思地点了点头，然后又问了空禅师：“那么，您认为这幅画究竟怎么样呢？”

“说真的，这幅画画得太满了，”了空禅师一边品茶一边微笑着说，“如果这幅画不配诗就更好了，言简意赅，无言更胜。”

虚静居士说：“上面题的几行诗可是脍炙人口的著名诗篇啊。”

“著名诗篇用在这里也是累赘，起码每行都多了一个字。”了空禅师认真地说。

虚静居士不解地问：“都多哪一个字呢？”

了空禅师随口吟道：“白日依山，黄河入海。欲穷千里，更上一层。”

虚静居士听后，又仔细品读了一番诗意画，不禁击节叫好，心悦诚服。

不能分心太多

一个皈依佛门不久的小沙弥，近日有些心神不宁，他不仅仅是尘心未净，就连禅院的课业和修为，他也是三心二意、心猿意马，不知所从。一会儿想诵读《心经》，一会儿又想诵读《金刚经》，一会儿还想看看禅宗之外的其他佛门流派的经文内容。

禅师知道这一情况后，啥也没说，就带着小沙弥来到禅院不远处的一条溪流边。他在溪流边抓起一把黏黏的泥土，对小沙弥说："来，我俩分别用泥土捏心脏，你在这里捏，我到那边去捏，看看咱俩谁捏得更像、更好看。"小沙弥点点头，就开始动手挖泥巴、捏心脏。

他先捏了一个拳头大小的心脏，感觉不太像，就放到一边，又开始挖泥巴，重新捏另一个心脏。他一连捏了好多个，依然感觉不满意、不太像，就跑到禅师那边，想看看禅师捏的心脏怎么样。这时，他看到禅师也已经捏了七八个泥巴心

脏，不过，禅师捏的泥巴心脏都很小，如同鸽子蛋大小。不像他捏的那些，都是拳头大小的。他正想对禅师说什么时，却看到禅师把那些鸽子蛋大小的泥巴心脏一一捡拾起来，然后揉捏在一起，很快捏成一个也是拳头大小的泥巴心脏，而且，禅师捏成的这个拳头大小的泥巴心脏，看上去特别像一颗动物的心脏，可以说是栩栩如生、惟妙惟肖。小沙弥就说：“师父啊，你捏的这个真像！太像了！”

禅师抬头笑了笑，对小沙弥说：“你没看到吗，我刚才捏的几个小心脏，也都不太像，不过，作为实验和模型，在捏那些小心脏的时候，我积累了经验，摸索出了规律，也没有白捏，你看看，把那些小心脏揉捏在一起，就凝聚成了这么一个一心一意的大心脏……”

小沙弥一愣，心头一震，他也笑了，对禅师说：“谢谢师父的开导，我懂了！”

然后，他回到他捏泥巴心脏的地方，把其他的几个都甩在地上，只留下一个，稍加规整和加工，就捏成一个和师父捏的那个不分上下的特别形象的泥巴心脏。

顺其自然，避其危难

三川禅师是一位云游僧，是地地道道的苦行僧，他常年衣衫单薄，行囊轻轻，一路乞食外加野果溪水，他又像随季节变化而不断迁徙的候鸟，夏季到北方，冬季回南方，大江南北、天南海北，山东山西，广东广西，四海云游，访学修行。

有一年春天，他途经某地，在崇山峻岭之间，他在一座新落成的寺院挂单。他看到坐落于山坳里的恢宏而壮观的寺院，又看看寺院后侧的山峰和两侧的山坡，对该寺院的方丈说："我们这个寺院怎么也不该修建在这个地方的，这里尽管景色宜人、溪流潺潺、空气新鲜、鸟语花香，看似一片世外桃源般的清静之地，可是，这地方存有莫大的隐患啊！"

"什么隐患？不会吧！"方丈不以为然地说。

"这里处于山坳间的簸箕形洼地，平时得风藏水，气象佳绝。可是，一旦发生特大暴雨、地震等自然灾害带来的泥石流、山体滑坡等次生灾害，这里就会变成人间地狱！”三川禅师忧心忡忡地说。

“嗯，这地势确实存在你说的风险和危险，不过呢，在筹建寺院的时候，也是找人看过地势地貌的，他们说景色景观是第一的，自然灾害，哪个地块没有啊，就连京都和多个省会城市不也坐落在地震带上吗？他们说如果老是担心无法预测的自然灾害，无异于杞人忧天……”方丈笑着对三川禅师说。

三川禅师又去寺院外的山野和山峰上转了一圈，更加忧心忡忡地对该寺院的方丈说：“他们说的也不是没有道理，不过，你还是得多加留意啊，每逢暴雨天气，或者有地震方面的预兆、预警时，你千万要警示僧众们提高警惕，最好能到外边躲避一下，常言说，不怕一万就怕万一啊！”

最后，为了僧众们躲避危险的时候能有个凑近和简易的去处，三川禅师又建议方丈在寺院不远处的一个不存在泥石流和山体滑坡风险的地块筹建一处别院。这条建议，方丈采纳了，并在当年就建成一个应急的别院。

三年之后，百年不遇的大地震在这片崇山峻岭之间发生。一夜之间，那片恢宏壮观的寺院就因山体滑坡和泥石流的大量倾泻而被荡涤被埋没。多亏方丈和僧众们因为三川禅师的提醒有了警惕性，听到暴雨预报后，又看到老鼠、蟒蛇等动物的异常，都提前到别院避险，才免于一难。

一杯茉莉茶

一叶禅师出家之前，曾在印度首都新德里的尼赫鲁大学社会学系攻读社会学和佛教专业，回国之后，尤其是入寺剃度以来，他全身心地投入到了佛经的研读、整理、注解和弘扬传播上。

他曾经的女朋友、中学时的好同学来寺院看望他，他平静地接待、招待她。面对眼泪汪汪的老朋友，他甜甜地笑着，亲手为她沏上一杯清淡的茉莉茶。女同学临走时，他又送给她一包上等的茉莉茶。

他的父母来寺院看望他，给他带来许多好吃的，他在用平常的斋饭招待二位老人的同时，同样为父母沏上两杯清淡的茉莉茶。在父母走出山门时，他又送给父母一包上等的茉莉茶。

其他寺院的僧人来挂单、访问时，不论是沙弥、比丘，还是禅师、方丈大和尚，他总是亲手为他们沏上一杯清淡的茉莉茶。就连从美国、澳洲等地前来寻访、前来捐赠的僧人、居士或富绅名流，他也只是平静地笑着，亲手为客人沏上一杯杯清淡的茉莉茶。

有关一叶禅师的札记中，有这样一段话："凋落了自己的青春和芳华，芬芳在别人的生活和世界里。"

这不仅仅是上等的茉莉茶的写照，也应是一叶禅师这样的悲悯苍生、传播爱心的得道高僧们的真实写照。

送你这轮明月

无言和尚明天就要去佛学院深造了。傍晚时分，老方丈溪海禅师捎来口信，让他在晚餐后到方丈的禅房去一趟，说是有礼物相送。

晚饭过后，无言和尚话别几个前来祝旅的师兄师弟，就踏着月辉来到方丈的禅房。可是，方丈禅房的门洞开着，里面却不见方丈的人影。无言刚想退出禅房时，却透过禅房的玄窗看到不远的山头上似乎是溪海禅师的身影。无言和尚就若有所思地追到了山头。

溪海禅师手持念珠，端坐在岩石上，一言不发。无言和尚就在老禅师的身边绕了三圈，然后坐在禅师的对面。

清风徐来，虫鸣幽吟。师徒二人静默地端坐着。不知过了多长时间，无言和尚终于憋不住了，轻声问老禅师："您不是说让我到禅房找您吗？怎么到这来了？"

"僧侣不能囿于禅房。"溪海禅师慢吞吞地说。

“谢谢师父开示，”无言和尚说，“我这次求学，就是为了开阔视野、加深禅识，不过，三年后，我还会返回本寺，随师禅化的。”

“月缺月圆，风来风去，秒动分变，顺乎自然。”溪海禅师依然慢吞吞地说。

“感谢恩师教诲，”无言和尚似懂非懂地说，“来去佛海无边，万变不离其宗。”

“身平心自安，转瞬即三年。”溪海禅师说，“离不是别，别不是离。你带上我赠送的礼物回房安歇吧，明晨还得起程。”

无言和尚应声起身，非常感激地说：“师恩如山，多谢馈念！”

可是，无言和尚左看右看，就是不见师父的礼物放在何处。不无尴尬地逗留片刻之后，无言和尚不好意思地小声说：“恩师保重，我先回房了……不、不过，您说的礼物放在什么地方了？”

“凡礼便累，是物就赘。”溪海禅师说，“送你这轮明月吧！”

此时此刻，皓月当空，月华如水。

无言和尚听后，醍醐灌顶，心明如镜。他万分感激地说：“谢谢师父送我这四海相随、三生受用的重礼！”

潜移默化

一个叫道兴的比丘虔诚地问道行禅师："师父，我跟您坐禅念佛好多年了，怎么不见长进啊？您可得开示我、帮帮我啊！"

道行禅师说："参禅不是行路，无法丈量，无影无踪。其实，我一直开示着你、帮助着你，只是你没觉悟罢了。再说了，禅是直觉、是自性的返璞归真和心领神会，得靠自己去顿悟才行，别人提供的只能是一种暗示，总不能像晨读一样，我应是把你从睡眠中叫醒。"

看道兴依然似懂非懂的样子，道行禅师就带他来到山坡上的道路边，这段山道正好是一个翻过山坡的陡坡。师徒二人在路边坐着，道行禅师告诉道兴说："今天你不要乱说乱动，也不要这里看看那里看看，一切都要按我的动静见机行事，我干嘛你干嘛，我看哪里时，你也看哪里，我不说话时，你也别吱声。"

道兴点头应允，尽管他依然一头雾水。

过了不知多长时间，山坡下来了一辆拉瓷器的板车，拉车的汉子非常吃力地开始爬坡。道行禅师依然坐在路边，背对着路，装作没看见那个拉车的。道兴也学着师父的样子，微眯双眼目视着远方。

可是，当拉车人刚刚越过他们二人身边时，道行禅师悄声对道兴说："咱帮他推推，不过，要暗暗的，千万不要让他发觉，用力的时候，先小着点劲儿，渐渐地增大力气，这样他就感觉不出来了。"

说罢，师徒二人就"偷偷摸摸"地帮拉车的汉子推起了车子。终于推上陡坡时，师徒二人便悄悄地停下来，躲在了一边。那个拉车人得到了帮忙，省了力气，却浑然不觉，拉着他的瓷器渐渐走远了。

看着拉车人的背影，道兴一拍脑瓜说："我终于开悟了，多谢师父开示！"

怎么入禅

禅林寺院里，古木参天，清泉绕石，环境特别幽静。可是，一到傍晚，投宿归来的鸟雀们就聚集而来，叽叽喳喳叫个不停。新来的小沙弥在修行傍晚的功课时，怎么也没法入静，被鸟雀们吵得烦躁不安、苦不堪言。

有一天，他问前来例寻的老禅师究竟怎样才能入静、入禅。

老禅师顺手指指直径一米半、高一米半的一口倒扣着的大缸，非常认真地说："入禅要有定力，要有穿透力，要有移身缸底的心法。我当年破墙而出、破缸而入，才有了今天的禅定。无论外界怎样聒噪和烦扰，你都得有置身缸底的入静和虚无，只有这样方可入禅。

三日后，老禅师再来例寻。左右不见那个向他提问的小沙弥，寻遍整个寺院也不见小沙弥的踪影。老禅师灵机一动、会心一笑，轻步来到那口大缸前，并迅疾地弯腰掀起那口大缸——小沙弥正怀抱经书，坐在缸底熟睡。

终于惊醒的小沙弥一脸惶恐，连连告罪，说自己不该辜负师父教诲，躲在缸底睡懒觉。

不料，禅师却开怀大笑起来，非常认真地说：“你躲在缸底睡觉，比苦读经书美妙得多，你终于开悟了，你入禅了！”

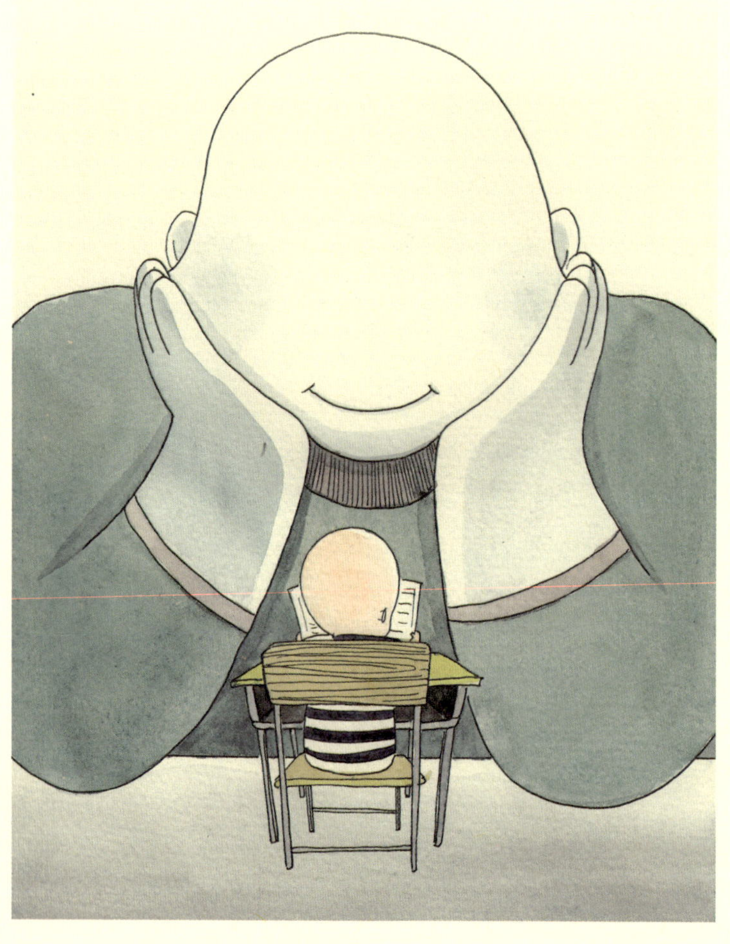

破 壁

禅宗有许多文武双全的高僧大德，释方老和尚就是这样一位道行深远、武功盖世的禅宗大师。他有一个名叫释正的徒弟，曾经跟他习练穿墙过壁的禅家秘功。在后山上一座早已废弃的破庙里，师徒二人一招一式、摸爬滚打，练得哼哈有声。可是，不知是因为释正习而不专、不得要领，还是因为他缺乏悟性或勇气，掌推、肩靠、臀顶各种功力都练过之后，他仍是无法破壁而出。

就在释正快要失去信心的时候，释方禅师鼓励他说："你已经练得差不多了，主要是因为我在身边，你放不开。这样吧，我回寺院几天，你自己再好好练练、琢磨琢磨，说不定就能突破了。记住，晚上是练功的最佳时间，祝你成功！"说完，释方禅师就回寺院去了。

三天后的一个深夜，就在释正比手画脚、运气练功之际，庙门口忽然出现一只吊睛大猛虎，张着血盆大口向他袭来。

他马上意识到了天大的危险——出家人既不能杀生，也不能被这大虫吃掉啊！想到这里时，猛虎已经扑到跟前，躲闪已经来不及，只有向后撤退了，可是，后面一米余就是墙壁了。说时迟，那时快，释正运足力气，掌、肩、臀几乎同时发功，朝墙壁冲去，破壁而出。带出的砖块四分五裂，犹如爆破一般。就在释正惊魂未定之际，那只“猛虎”忽然哈哈大笑起来——原来，是释方禅师从马戏团借来一张假虎皮，披在自己身上来“吓唬”他的，以便激发他的潜能。

生根发芽的榆钱

春夏之交的一次法会上，悟明禅师送给与会的众僧每人一片山榆的种子（也就是我们常说的榆钱），说是这些榆钱都经过法事超度了。手攥着尽管成熟却依然薄薄的轻飘飘的榆钱，僧人们各有各的感觉和想法，有的感到新奇，心里琢磨着老禅师的用意；有的感到玄虚，认为一片小小的榆钱也能超度吗？有的感到神秘，视作法物，如获至宝；有的感到茫然，不知如何对待、处置禅师赠送的这片榆钱……

半年之后的又一次法会上，悟明禅师忽然要上次领到榆钱的弟子们说说各自榆钱的去处和现有的情况。有的说还好好地珍藏着，有的说转赠给施主或居士了，有的说受潮腐烂了，有的说不慎丢失了，有的说种植到寺院的土壤里，很快就发了芽，现在已长成半米高的小山榆了……

悟明禅师说："只有生根发芽的榆钱有了正果，超度是别人的事儿，发芽才是自己的事儿，当然发芽的前提是，得有人、有土壤和水分与它们结缘……而一个修行者，要想修成正果，关键也是得自己发芽、及时结缘，不然的话，再有慧心和慧根，都是枉然。”

这时就有小沙弥问悟明禅师：“我也想发芽、想开花结果，可是如何去结缘呢？”

悟明禅师说：“你早已结缘了，就靠自己发芽了。”

小沙弥还是痴迷不悟，接着问：“我怎么知道我什么时候发芽、什么时候结果呢？”

悟明禅师引用六祖慧能的一句偈说：“心地含情种，法雨即花生。自悟花情种，菩提果自成。”

禅师的甜瓜

广正禅师在寺院门外的山坡上种了二亩甜瓜，瓜熟蒂落的季节，除寺里的众僧受用外，他还把大量的甜瓜分享给前来上香拜佛的施主和信众们。可是，每到夜深人静，常有山下村里的几个孩童来偷瓜。

广正禅师考虑到夜晚不安全，怕孩子们碰到毒蛇什么的，就提前摘些瓜，放在孩子们常常“光顾”的地头上。前几次，孩子们还真把广正禅师为他们准备的瓜拿走吃了。可是，三番两次之后，孩子们不知是碍于脸面，还是被法师的举动感动了，或者是领悟到了什么，他们再也不来偷瓜了。

再后来，广正禅师还经常在地头或寺院的门外“捡到”一些红枣、黄梨什么的，分明是知恩图报的孩子们给他的回馈。

方丈的陀螺

刚剃度不久的小沙弥，经常去找方丈，问一些诸如我该学什么了、我该做什么了之类的问题。方丈总是耐心地解答和开导。可是，到后来，每当小沙弥再去请教时，老方丈却不搭理他了，只顾用拂尘抽打案板上的一只陀螺。

有一次，小沙弥为一个经文上的生词，在方丈的禅房里等了足足一个时辰，可是，老方丈依然我行我素地抽打着陀螺。小沙弥有些不理解，甚至有些愠怒了，就走到老方丈的跟前，大胆而大声地说："弟子等待多时了，请求方丈指点一个生词，而且就一个生词，您指点后再抽打陀螺不行吗？"

老方丈终于停下手中的拂尘，静静地凝望着越转越慢的陀螺，直到它摇摇晃晃地倒下，停止了转动。

小沙弥便又凑近一步说：“请方丈指教一个生词。”

“为了一个生词，你居然等了这么长时间。”老方丈看也不看那个生词，慢悠悠地说，“经房的《辞海》里，哪个生词都能查到的，而且，查100个生词也用不了这么长的时间。学问学问，勤学多问，这话一点不假，可是，真正的学问还是要靠自己去钻研去探索的！”

小沙弥一脸茫然地看着老方丈，久久说不出话来。

老方丈又开始抽打陀螺，一边抽打一边意味深长地说：“做学问尤其是参禅，可不能像陀螺——离开外力就不能运转了。要依靠自己，依靠自己的内心和双手，去锻造知识宝库的金钥匙，去开启学业之门、智慧之门。”

图书在版编目（CIP）数据

禅语人生 / 一路开花编著；袁冰绘．-- 济南：齐鲁书社，2017.6

ISBN 978-7-5333-3761-2

Ⅰ．①禅… Ⅱ．①一… ②袁… Ⅲ．①佛教－人生哲学－通俗读物 Ⅳ．① B948-49

中国版本图书馆 CIP 数据核字 (2017) 第 103803 号

禅语人生

一路开花　编著　袁 冰　绘

主管单位	山东出版传媒股份有限公司
出版发行	齊魯書社
社　　址	济南市英雄山路189号
邮　　编	250002
网　　址	www.qlss.com.cn
电子邮箱	qilupress@126.com
营销中心	（0531）82098521　82098519
印　　刷	山东德州新华印务有限责任公司
开　　本	880mm × 1230mm　1/32
印　　张	7.75
插　　页	2
字　　数	149千
版　　次	2017年6月第1版
印　　次	2017年6月第1次印刷
印　　数	1—5000
标准书号	ISBN 978 - 7 - 5333 - 3761 - 2
定　　价	34.00 元